COMO DESPERTAR E DESENVOLVER AS NOSSAS
INTELIGÊNCIAS

Editora Appris Ltda.
1.ª Edição - Copyright© 2023 do autor
Direitos de Edição Reservados à Editora Appris Ltda.

Nenhuma parte desta obra poderá ser utilizada indevidamente, sem estar de acordo com a Lei nº
9.610/98. Se incorreções forem encontradas, serão de exclusiva responsabilidade de seus organi-
zadores. Foi realizado o Depósito Legal na Fundação Biblioteca Nacional, de acordo com as Leis nos
10.994, de 14/12/2004, e 12.192, de 14/01/2010.

Catalogação na Fonte
Elaborado por: Josefina A. S. Guedes
Bibliotecária CRB 9/870

A316c
2023
	Alabarce, Adalberto
	    Como despertar e desenvolver as nossas inteligências / Adalberto
	Alabarce. – 1 ed. – Curitiba : Appris, 2023.
	    191 p. ; 23 cm.
	
	    Inclui referências.
	    ISBN 978-65-250-5383-7
	
	  1. Diferenças individuais. 2. Amizade. 3. Respeito. I. Título.
	
	                                                           CDD – 158.1

Appris
editora

Editora e Livraria Appris Ltda.
Av. Manoel Ribas, 2265 – Mercês
Curitiba/PR – CEP: 80810-002
Tel. (41) 3156 - 4731
www.editoraappris.com.br

Printed in Brazil
Impresso no Brasil

Adalberto Alabarce

COMO DESPERTAR E DESENVOLVER AS NOSSAS
INTELIGÊNCIAS

FICHA TÉCNICA

EDITORIAL	Augusto Coelho Sara C. de Andrade Coelho
COMITÊ EDITORIAL	Marli Caetano Andréa Barbosa Gouveia (UFPR) Jacques de Lima Ferreira (UP) Marilda Aparecida Behrens (PUCPR) Ana El Achkar (UNIVERSO/RJ) Conrado Moreira Mendes (PUC-MG) Eliete Correia dos Santos (UEPB) Fabiano Santos (UERJ/IESP) Francinete Fernandes de Sousa (UEPB) Francisco Carlos Duarte (PUCPR) Francisco de Assis (Fiam-Faam, SP, Brasil) Juliana Reichert Assunção Tonelli (UEL) Maria Aparecida Barbosa (USP) Maria Helena Zamora (PUC-Rio) Maria Margarida de Andrade (Umack) Roque Ismael da Costa Güllich (UFFS) Toni Reis (UFPR) Valdomiro de Oliveira (UFPR) Valério Brusamolin (IFPR)
SUPERVISOR DA PRODUÇÃO	Renata Cristina Lopes Miccelli
PRODUÇÃO EDITORIAL	Bruna Holmen
REVISÃO	Simone Ceré
DIAGRAMAÇÃO	Renata Cristina Lopes Miccelli
CAPA	João Vitor Oliveira

Dedico ao meu pai, à minha mãe e ao

meu querido Real Ser,

por toda Graça, Benção e Luz

que eles me dão no dia de hoje e

em todo os dias desta minha existência.

SUMÁRIO

COMENTÁRIOS INICIAIS..9

O QUE É OU SÃO AS NOSSAS VIDAS?...........................12

O QUE É OU SÃO AS INTELIGÊNCIAS? 17

O QUE SÃO OS PROBLEMAS? 31

COMO DESPERTAR AS INTELIGÊNCIAS?......................34

QUANTAS E QUAIS SÃO AS INTELIGÊNCIAS?...............41

O QUE SÃO AS INTELIGÊNCIAS E COMO DESENVOLVÊ-LAS?............56

O DESENVOLVIMENTO INICIAL DAS INTELIGÊNCIAS (D.I.I.)...............58

O DESENVOLVIMENTO CONTÍNUO DAS INTELIGÊNCIAS(D.C.I.)..........66

OS BENEFÍCIOS DO DESENVOLVIMENTO DAS INTELIGÊNCIAS............70

OS MALEFÍCIOS DO NÃO DESENVOLVIMENTO DAS INTELIGÊNCIAS.....74

ALIMENTAÇÃO 77

HIGIENE PARA UMA INTELIGÊNCIA SAUDÁVEL 80

O QUE É A MORTE PARA O SER HUMANO? 178

A PRÁTICA DOS 21 DIAS 180

COMENTÁRIOS FINAIS 182

GLOSSÁRIO DE ABREVIATURAS.......................................186

REFERÊNCIAS..188

COMENTÁRIOS INICIAIS

Este livro inicialmente surgiu em meados do ano de 2000, devido à observação do sucesso pessoal, social e profissional de várias pessoas (estudantes da época), as quais pertenceram as minhas turmas finais do ensino fundamental, do ensino médio e do período da primeira faculdade que realizei, que, aparentemente, nos bancos escolares, não demonstraram nenhum interesse pelos componentes curriculares ali apresentados, bem como não estudaram com afinco ou em busca do conhecimento em seu período escolar.

O trabalho de observação e notação pairou sobre esses estudantes que em determinados momentos (tempo e espaço) não se preocupavam muito em estudar, conforme os preceitos da época (memorização e participação ativa em sala de aula).

Os observados não se interessavam em memorizar ou decorar textos ou formulá-los; e sim procuravam a todo tempo praticar esportes, conversar, manter contato com as pessoas, rir, ir a "baladas" e fazer tudo o que eles gostavam na referida época.

A grande maioria, 75% dos envolvidos, nunca estudou em cursos superiores até a presente pesquisa. Mas, com as capacidades que possuíam, conseguiram trabalhar excelentemente as suas inteligências, as quais lhes retornaram com resultados benéficos a si: o seu Sucesso.

Sucesso, para o nosso trabalho, se define como a satisfação e realização do ser humano por sua vida (como ela é e está); por sua tranquilidade financeira; e por saúde estável, vivenciada no seu presente.

Os demais 25% conseguiram atingir seus objetivos propostos na medida do possível. Dentre eles, vinte mulheres e cinco homens realizaram e completaram o ensino superior e trabalham no ramo desejado.

Observando esses dados e os 75% envolvidos, denotamos que o intelectualismo contribui em torno de 15% para o sucesso pessoal, social e profissional do ser humano, sendo que os outros 85% estão relacionados com as capacidades do mesmo, ou seja, o grau de desenvolvimento em que se encontram suas Inteligências.

Por esse motivo – básico – engendramos os nossos estudos, com base em livros teológicos e científicos, envolvendo personalidades e estudiosos dos campos da mente, do intelectualismo e das inteligências, e elaboramos este trabalho sucinto, mas com objetividade informativa, para esclarecer e descrever o que são as Inteligências e o que as envolve de tão importante para o ser humano, como propriedade de Sucesso em sua existência ao desenvolver raciocínios abstratos.

Pois, segundo Dantas:

> *Disciplinar inteiramente o pensamento, sejam quais forem os termos em que isso se exprima, pode corresponder a fechar os caminhos que permitem recombinações suscetíveis, que guarda a possibilidade de tudo ligar a tudo, de forma anárquica, pode levar ao novo. A irrupção de momentos sincréticos em meio ao pensamento disciplinado e rigoroso, é pois, vital.* (DANTAS, 1990, p. 108).

Assim, o pensamento, seja sua origem teológica, filosófica, artística, empírica ou científica, deve ser analisado e respeitado para se propiciar uma nova leitura de despertamento e desenvolvimento das Inteligências.

Espero que vocês possam entender e aprofundar seus conhecimentos, por meio deste trabalho, e ampliar intensa e continuamente as suas Inteligências.

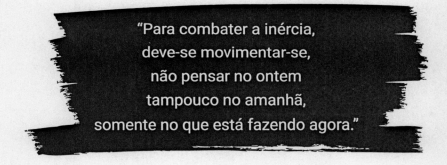

"Para combater a inércia,
deve-se movimentar-se,
não pensar no ontem
tampouco no amanhã,
somente no que está fazendo agora."

Boa leitura!

O autor

O QUE É OU SÃO AS NOSSAS VIDAS?

A nossa vida é um complexo campo informativo que por simples e único objetivo faz com que resolvamos problemas nos âmbitos material, psicológico e espiritual durante toda a nossa existência.

O complexo campo informativo envolve uma vasta área de intrínsecos conhecimentos, emaranhado em diversos costumes (hábitos e vícios), ideologias (ideias e preceitos) e tecnocientificismo (tecnologias).

Os problemas estão relacionados com as nossas vidas: material, psicológica e espiritual; e por meio de nossas inteligências conseguimos resolvê-los.

O problema no aspecto material envolve três necessidades: a nossa Alimentação, a nossa Proteção e a nossa Reprodução.

A Alimentação é o próprio alimento (líquido e sólido) que necessitamos para ter uma saúde equilibrada.

A Proteção se divide em dois aspectos: Abrigo e Vestuário.

O Abrigo é o local onde nos protegemos do tempo instável (moradia).

O Vestuário é a roupa que necessitamos para proteger o nosso corpo.

A Reprodução é o princípio fisiológico pelo qual perpetuamos a nossa espécie, podendo também ser entendido como a necessidade de um relacionamento regular e saudável genital e sexual (amor/sexo).

Problemas no âmbito psicológico envolvem as Qualidades e Defeitos em nossa Vontade (aspecto externo) e Desejo (aspecto interno).

O aspecto externo envolve características de algo que nos atinge, por meio dos nossos sentidos básicos (audição, olfato, paladar, tato e visão).

O aspecto interno envolve características de algo que nos atinge, por meio das nossas percepções (sentimentos, emoções e intuições).

Referente às Qualidades, destacam-se: a Humildade, o Trabalho Voluntário, a Castidade, a Abnegação, a Solidariedade, o Amor ao Próximo e o Jejum.

Referente aos Defeitos, destacam-se: a Soberba, a Ira, a Gula, a Inveja, a Preguiça, a Avareza e a Luxúria (ALABARCE, 2019, p. 35).

Problemas no âmbito espiritual envolvem o nosso aspecto íntimo, e estão relacionados com a nossa Consciência, a qual se apoia nas colunas da Ética, da Legalidade, da Moralidade, da Espiritualidade e da Humanidade (empatia).

A nossa existência é representada desde o primeiro momento de nossa concepção (a difícil e trabalhosa união do espermatozoide ao óvulo) até o nosso último fôlego de vida física.

Resolver problemas é o nosso objetivo nas vidas material, psicológica e espiritual. Nós o fazemos durante toda a nossa existência terrena. Fora disso, ou seja, sem esse objetivo único, a nossa vida se torna fugaz, inválida e inútil (Jó: 7, 1).

A vida tem esse objetivo misterioso (resolver problemas), mesmo que não seja compreendido por intelectuais e amantes da vida romântica. Essa maneira crua e fria de destacá-lo torna-se necessária, para que possamos entender por que nascemos, vivemos e "morremos" resolvendo problemas.

"A vida é um mar de problemas vitais, necessários, supérfluos e inevitáveis" (Eclo: 40, 1).

Nós nos acostumamos a ter problemas para resolver. Quando não os temos, criamo-los. Isso porque nós não somos *Homo sapiens sapiens* como pensávamos, e sim *Homo demens demens*, isto é, não somos inteligentes, sábios e perfeitos; porém, imbecis, ignorantes e deficientes, respectivamente.

Por sermos imbecis (característica daquele que não é inteligente) perdemos toda a nossa curtíssima e insignificante vida resolvendo problemas e criamos mais alguns para deixá-los aos nossos descendentes genéticos e sociais.

Para que deixemos de ser *demens* e tornemo-nos realmente *sapiens,* há necessidade de despertar e desenvolver das nossas inteligências, as quais estão dormentes em nosso organismo mecânico.

Escrevemos inteligências, pois, segundo Gardner (1994), não tem apenas UMA, e sim várias; as quais estão interligadas na complexa rede de neurônios do nosso cérebro e podem ser estimuladas e entrar em processo de desenvolvimento contínuo.

As inteligências estão dormentes em nós, principalmente quando deixamos as nossas vidas num piloto automático, isto é, somos conduzidos como marionetes pelo acaso e não conduzimos as nossas próprias existências (Jo: 12, 35).

Piloto automático é o processo em que, por não entendermos o nosso objetivo de vida, deixamos à vida passar e nada fazemos para transformá-la, modificá-la, conduzi-la, por acreditarmos que nada pode ser feito.

No livro de Gênesis (1,1), segundo a Bíblia Sagrada, Deus, por estar em solidão, criou o Universo. Logo, entendemos que solidão fora um problema; e, portanto, Ele tinha que resolvê-lo e utilizou-se de Suas Inteligências.

Nisso podemos entender que o Problema tem sua origem no infinito e que acompanha a existência divina (Deus) eternamente (Jo: 1, 1-5).

Por usar a sua inteligência, Deus continuou a sua criação, pois gostou de resolver o primeiro problema (Gên: 1, 4). Logo, outros foram resolvidos, os quais surgiram naturalmente até o surgimento do Ser Humano (Gên: 1, 31).

Com o surgimento do ser humano *"Homo sapiens sapiens"* (homem, a princípio, e mulher secundariamente, segundo a Bíblia Sagrada), pois o "Neandertal" já existia, ocorreram anomalias que deturparam a inteligência divinal, ou seja, o homem, sendo a imagem e semelhança do seu Criador (Gên: 1, 26), não correspondeu às expectativas do seu progenitor, pois, ao invés de resolver problemas, criou outros (Gên: 3, 23).

Será que Deus equivocou-se e, ao invés de criar *Homo sapiens sapiens*, acabou criando o *Homo demens demens?* Ou foi culpa da macieira e da serpente, que Ele deixou no jardim de propósito para testar o Adão e a Eva? Ou Deus já estava cansado quando fez o Adão (costela defeituosa) e subestimou a Eva?

Na inteligência não há espaço para o cansaço tampouco para a subestimação.

Expulso do paraíso, o ser humano inicia a vivência de suas vidas material, psicológica e espiritual. Como sempre tentando resolver os seus problemas e criando outros. Chegando até os nossos dias.

Se estivéssemos vivendo no Paraíso, talvez não precisássemos resolver os problemas. Ou eles seriam resolvidos por Deus ou não existiriam. Mas, como não estamos no Éden, permanecemos envoltos em nossos dramas e questões infinitas, os quais acabam sendo os objetivos da Vida Humana.

Para tal, temos algo importante em nossas vidas, que é a razão (essência que nos faz pensar, sentir e agir de forma racional) nos diferenciando de outros seres vivos.

A referida razão não seria um atributo essencial e imutável da alma humana, mas um conglomerado de efeitos ambientais, que tem por base as ações tecnológicas "intelectuais variáveis no espaço e historicamente datadas" (LÉVY, 1993, p. 152).

Continuando Lévy (1993, p. 173):

> *As tecnologias intelectuais não se conectam sobre a mente ou o pensamento em geral, mas sobre certos segmentos do sistema cognitivo humano. Elas formam, com estes módulos, agenciamentos transpessoais, transversais, cuja coerência pode ser mais forte do que algumas conexões intrapessoais. (LÉVY, 1993, p. 173).*

E, nessa transpessoalidade, transversalidade, interpersonalidade e variadas características humanas cognitivas e emotivas, nós nos vemos em nosso micro e macrouniverso pessoal de promovermos ações e reações para nossa vivência mais salutar possível.

Nós, seres históricos, variáveis, indefinidos e compósitos, abrangemos objetos e códigos de representação ligados ao nosso organismo biológico pelos primeiros aprendizados. Devemos ser abastecidos por todos os equipamentos cognitivos fornecidos pela nossa cultura e pelas instituições das quais participamos: "língua, conceitos, metáforas, procedimentos de decisão...". Pois, como seres "cognoscentes", precisamos pensar, sentir e agir "em efeitos de subjetividade" nas redes que nos envolvem para um direcionamento inteligente de nossas triplas existências de problemas (LÉVY, 1993, p. 161).

Uma vez que temos que conviver com esse objetivo vital: **Resolver Problemas**; temos que saber como despertar e desenvolver, dentro de nós, as nossas Inteligências, para que assim possamos viver nossas vidas com mais Harmonia (Mt: 10, 34-36).

O QUE É OU SÃO AS INTELIGÊNCIAS?

A literatura médica, como outras, identifica a inteligência de formas similares, tanto em sua etimologia como em estudos profundos de destaque. Para o nosso trabalho, colocaremos a exposição de Amaral (2007, p. 3):

> *[...] a capacidade pessoal para resolver problemas novos, fazendo uso adequado do pensamento. Para outros autores, seria a utilização de todos os equipamentos mentais que dessem conta da adequação às tarefas da vida. Mesmos com essas definições vagas, havia e há o entendimento de que a Inteligência é uma capacidade mental que pode ser medida e quantificada por meio dos famosos testes de QI.*

Ou seja, a inteligência, sucintamente, é a potência humana em **fazer saber**; **saber**; **saber fazer**; e **fazer** a informação necessária para resolver os problemas; bem como preveni-los e não os criar.

"O Senhor dá a sabedoria e de sua boca se difunde a ciência e a inteligência" (Prov: 2, 6).

O ato de **fazer saber** envolve a nossa potencialidade de criar ou gerar o próprio saber; ou seja, de alguma maneira obter a informação necessária para o aprendizado na resolução dos problemas.

"Aplica-te àquilo que te é acessível, e não te ocupes em coisas impenetráveis" (Eclo: 3, 22).

O ato de **saber** envolve a nossa potencialidade de determos o conhecimento necessário para a resolução do problema.

"Disse Jesus a seus discípulos: Já não vos chamo servos, porque o servo não sabe o que faz o seu senhor: chamei-vos amigos, porque vos manifestei o que ouvi de meu pai" (Jo: 15, 15).

O ato de **saber fazer** envolve a nossa potência de colocarmos em prática o conhecimento que detemos, isto é, colocarmos em prática as informações que temos.

"Tão maravilhoso conhecimento me ultrapassa, ele é tão sublime que não posso atingi-lo" (Sl: 139, 6).

O ato de **fazer** envolve a nossa potencialidade de resolver o problema.

"Disse Jesus aos judeus: Meu Pai opera também agora e eu também opero" (Jo: 5, 17).

Para que consertemos uma porta, inicialmente, deveremos saber se há necessidade de consertá-la (fazer saber); após isso, deveremos saber do que se necessita para consertá-la (saber); em seguida, para a resolução do problema, deveremos saber consertá-la (saber fazer); e para finalizar a resolução do problema, deveremos consertá-la (fazer).

Se acaso não ocorrer uma dessas fases, o problema, independentemente de qual seja, não será resolvido.

A informação, para o nosso trabalho, é todo conhecimento que possibilita a resolução de problemas; prevenção dos mesmos, ou seja, não os criar. Ela deve ser verdadeira, pois a falsa não produz a resolução dos problemas.

Como a informação, a inteligência deve ser verdadeira. O pseudointeligente não resolve problemas.

No princípio dos tempos, possuir Inteligência era considerado um "dom" de Deus:

> *Ora, há diversidade de dons, mas o Espírito é o mesmo; há diversidade de ministérios, mas o Senhor é o mesmo; há diversidade de operações, mas é o mesmo Deus que opera tudo em todos. A cada qual, pois, é dada a manifestação do Espírito para que redunde em vantagem comum. A um é concedida por meio do Espírito as Inteligências da sabedoria; a outro, as Inteligências da ciência, segundo o mesmo Espírito; a outro, a fé, mediante o mesmo Espírito; a outro, o dom das curas, em virtude desse único Espírito; a outro, o poder de operar milagres; a outro, o dom da profecia; a outro, o discernimento dos espíritos; a outro, o falar diversas línguas; a outro, o dom de as interpretarem. Todas essas coisas, porém, as produzem o mesmo e único Espírito, distribuindo a cada uma os próprios dons conforme lhe agrada (1 Cor: 12, 4-11).*

A inteligência, por ser verdadeira, tem sua origem em Deus (Prov: 3, 19). Como somos a imagem e semelhança de Deus (Gên: 1, 26), temos, na nossa Vida Espiritual, a chispa de sua Inteligência (Is: 11, 2), e devemos despertá-la e desenvolvê-la (Prov: 17, 24).

Todos são dotados de Inteligências, cada qual num determinado grau de desenvolvimento ou de ação.

Hoje, sabemos que os "neurônios" atuam no cérebro e promovem o despertar e o desenvolvimento das Inteligências. Mas **não podemos excluir o Poder Sobrenatural ou Divino, o qual pode dar esse despertar e desenvolvimento a qualquer criatura (1 Rs: 3, 12).**

Nós, independentemente de nossas idades, com as nossas inteligências despertas e em desenvolvimento, conseguiremos resolver qualquer tipo de problema, bem como conseguiremos preveni-los e não os criar.

Nós não conseguimos resolver problemas e, além do mais, acabamos criando outros, de duas uma, ou somos idiotas, devido a um problema bioquímico-físico em nosso organismo, ou nossas inteligências estão adormecidas pela ausência do trabalho de despertamento e desenvolvimento das mesmas (imbecil e/ou ignorante).

Existe o ser humano (inteligente) que sabe resolver problemas, mas, por falta de tempo, contrata alguém (inteligente) para resolver as suas questões ou pendências. Diferente daquele outro (inteligência menos apurada) que não sabe resolver os problemas e tem que contratar alguém para resolvê-los (inteligência mais apurada).

A inteligência humana é adquirida de duas maneiras: hereditária (inata) e trabalhada (despertada e desenvolvida).

A Inteligência Inata é aquela que nasce conosco. Ela já está desperta por meio de uma herança genética ou alguma disposição cerebral para tal. Assim, já somos inteligentes. Não há necessidade de despertá-la, somente o trabalho de canalizá-la (direcioná-la); pois, em muitos casos, somos dotados de certas inteligências e por não desenvolvê-las, tornamo-nos seres "antissociáveis", ou seja, egocêntricos, introvertidos, tímidos em excesso, estranhos, isolados, e, dependendo do caso, acabamos sendo "excluídos do grupo social".

A inteligência trabalhada é aquela em que nós realizamos algo para que ela seja desperta e desenvolvida, pois está inerte em nosso cérebro.

O que é novo e diferente causa repulsa nas mentes menos inteligentes.

A Inteligência é distinta da Intelectualidade.

A intelectualidade é a nossa habilidade e competência em absorver conhecimentos ou construí-los, por meio dos nossos sentidos e com o uso da razão-emoção.

A inteligência não necessita da absorção de conhecimentos para resolver um problema. Ela o resolve por si só e sabe resolvê-lo sem precisar adquirir nenhum tipo de conhecimento.

O ser humano inteligente **ensina saber**, **sabe**, **sabe ensinar** e **ensina**. Já o intelectual necessita de estudo para chegar nesse patamar do **Saber**.

Não desprestigiando o intelectual, pois há necessidade imprescindível do mesmo na nossa sociedade, pois, como já falamos, o ser humano é muito preguiçoso para o trabalho com ele mesmo (autodisciplina); logo, por meio do estudo, consegue prover as suas necessidades básicas, mesmo com sacrifícios desnecessários e supérfluos.

A inteligência nos proporciona **Potencialidade** (capacidade, facilidade); já a intelectualidade nos proporciona a **Habilidade** e a·**Competência** (instrução) para resolvermos problemas. Com a união desses dois potenciais, teremos o nosso Sucesso.

Na união dessas duas faculdades, o intelectualismo junto com as inteligências, tem-se a excelência, ou seja, o Sucesso de fazer saber; saber; saber fazer e fazer, independentemente da área que atuaremos.

Segundo a diretora executiva da Fundação Victor Civita, Guiomar Namo de Melo[1]:

> *Sucesso é a capacidade de mobilizar conhecimento [intelectualismo], valores e decisões para agir de modo pertinente numa determinada situação [inteligências]. Portanto, para constatá-la, há que considerar também os conhecimentos e valores que estão na pessoa e nem sempre podem ser observados [inteligências inertes]. [...] Para sermos competentes,*

---

[1] 1 NOVA ESCOLA, 2003, p. 14

precisamos dominar conhecimentos [Intelectualismo].
Mas também devemos saber mobilizá-los e aplicá-los
de modo pertinente à situação [inteligências].

Em resumo: a competência só pode ser consti-
tuída na prática. Não é só o saber [intelectualismo],
mas o saber fazer [inteligências] (NOVA ESCOLA,
2003, p. 14).

Habilidade humana é a facilidade em atuarmos numa ou várias áreas que envolvam o problema a ser resolvido sob os aspectos dos nossos campos sensoriais: mental, emocional, intuitivo, motor e sexual.

Os campos sensoriais são regiões orgânicas onde há uma intensa manifestação de energia.

Somos formados de energia, que está em eterno movimento e transformação. Não uma compactação estrutural sólida, e sim uma eterna vibração energética. Atraímos e expelimos energia de e para nós a todo o momento. Equilibramo-nos e desequilibramo-nos em todos os instantes, conforme as ações das nossas inteligências.

Se somos energia em movimento, nossos corpos materiais, psicológicos e espirituais contêm energia. E em determinados pontos ou campos essa energia vibra com maior intensidade. São os conhecidos campos sensoriais: mental, emocional, intuitivo, motor e sexual.

O Campo Mental envolve a nossa região cerebral como um todo (atitudes, pensamentos, ideias...). É onde se manifesta a Vontade (Atitude (pensamento) em fazer algo).

"A razão e a paixão de vocês são o leme e as velas de sua alma navegante" (Khalil Gibran).

O Campo Emocional envolve a nossa região torácica (sentimentos, desejos...). É onde se manifesta a Coragem.

Coragem são o ato e o comportamento do ser humano na hora de ele tomar decisões.

"Coragem é o que é preciso para ficar de pé e falar; coragem é também o que é preciso para sentar e ouvir" (Winston Churchill).

O Campo Intuitivo envolve a nossa região estomacal (intuições, deduções, induções). É a região por onde adentram as vibrações emocionais externas, bem como manifesta-se a Prudência.

Prudência, para o nosso trabalho, é o ato de procurar o equilíbrio.

"Visto como por ti temos tanta paz, e por tua prudência se fazem a este povo muitos e louváveis serviços, sempre e em todo o lugar, Ó excelentíssimo Félix, com todo o agradecimento o queremos reconhecer" (At: 24, 3).

O Campo Motor envolve os nossos membros superiores e inferiores (ação, reação e omissão no aspecto de dar movimento a algo). É a Força.

Força é a capacidade de saber agir, reagir ou não diante de um evento.

"O mais forte é o que sabe dominar-se na hora da cólera" (Maomé).

O Campo Sexual envolve a nossa potencialidade hormonal (criação, renovação, inovação, geração). É onde se manifestam o Amor e a Sabedoria.

"Deus criou a sabedoria, contemplou-a, mediu-a e difundiu-a por todas as suas obras e por todos os

mortais, na medida da sua liberalidade, e doou-a aos que o amam" (Eclo: 1, 9-10).

Quando os nossos campos energéticos estão em equilíbrio ou em harmonia, o despertar e o desenvolvimento das Inteligências fluem naturalmente e de maneira próspera pelo caminho da Ética, Legalidade, Moralidade, da Espiritualidade e da Humanidade.

Quando em desequilíbrio ou desarmonia, o despertar e desenvolvimento das inteligências nos conduzem a caminhos sinistros e sombrios. Isso ocorre porque as inteligências não são boas ou más. Elas são o que são. Nós poderemos ser inteligentes e possuirmos um bom ou mau caráter, ou seja, poderemos ser pessoas com características boas ou más.

Tanto o mau como o bom sujeito podem despertar e desenvolver as suas inteligências. Tudo depende do seu trabalho ou da carga genética de inteligência herdada.

Por isso que temos conhecimento de tantas pessoas ilustres ou desconhecidas que utilizam a sua inteligência para o mal, ou para si próprias.

Ser inteligente não é característica de uma pessoa boa ou má. Ela pode ser inteligente e má, ou imbecil e uma boa pessoa; tampouco, se ela usar as suas inteligências para o mal, perderá as mesmas, a não ser pela intervenção de Deus (1 Cor: 1, 19).

As inteligências são mecanismos próprios dos seres humanos. Estes a podem utilizar conforme seu bel-prazer. Quanto mais se utilizam as suas inteligências, mais "desenvolvidas" elas ficam.

"Dessa maneira, apenas o governante esclarecido e o general criterioso usarão as mais dotadas inteligências do exército para a espionagem, obtendo, dessa forma, grandes resultados" (SUN TZU, 2002, p. 7).

Cada um utilizará as suas inteligências para resolver os seus problemas, independentemente de quais sejam.

Nem todos os problemas devem ser resolvidos imediatamente. Alguns necessitam ser estudados. A pressa na solução de um problema pode causar outro.

Existem vários tipos de problemas na nossa existência humana, e a Vida, em si, tem este objetivo primaz: RESOLVÊ-LOS. O nosso objetivo de VIDA é esse. Não há outro. Nascemos para resolver problemas. Essa é a nossa missão ou condição em nossa vida tríplice (material, psicológica e espiritual), segundo a Primeira Carta de João (5, 7-8), da Bíblia Sagrada.

Nas nossas vidas tudo se resume em resolver problemas. Por quê?

Porque para tudo que iremos fazer necessitamos de providências, e, para tal, temos que realizar tarefas, as quais são oriundas de algum tipo de problema que deve ser resolvido para que as providências sejam atendidas.

A ação de resolver problemas em nossa vida, às vezes, é um círculo vicioso; ou um labirinto sem saída; ou até mesmo uma autodestruição, sem muitas explicações, pois nascemos sob os problemas, vivemos resolvendo problemas e morremos resolvendo e dando problemas.

Apanhamos como exemplo a história bíblica de Adão e Eva (*Homo sapiens sapiens*), os quais foram expulsos do paraíso e começaram a ter problemas. Alguns deles se agrupam em sua Vida Material, destacando-se: a Alimentação; a Proteção e a Reprodução e a convivência com outras formas de humanoides (Neandertais).

Tinham que se alimentar (alimentação); proteger-se do tempo e manifestações nocivas as suas vidas e os seus corpos (proteção); e satisfazer as suas necessidades de existência fisiológica – a procriação (sexo) (Gên: 3, 16-23).

Para tal, eles se utilizaram de suas inteligências inatas; e por necessidade desenvolveram outras inteligências para a solução dos seus problemas materiais.

No aspecto da Vida Psicológica, tiveram que resolver problemas de relacionamento, convivência e na medida do possível manter uma harmonia no seu ambiente de vivência (Gên: 5).

No aspecto da Vidas Espiritual, tiveram que resolver problemas com o Divino, não se esquecendo das suas ofertas e obediências (Gên: 4, 4 e 25).

Hoje, temos os mesmos e mais um monte de problemas, pois a cada momento em nossa existência complicamos mais o nosso modo de viver; e devido à globalização, ocorreu a união inevitável dos problemas de todos a tudo e a todos ao mesmo tempo. E esses problemas se iniciam desde o simples ato de gerar a vida.

Para ter um filho, necessita-se da cópula (homem e mulher, ou melhor, um espermatozoide e um óvulo férteis). Após a concepção, não se esquecendo de que segundo os preceitos morais e religiosos há a necessidade de um casamento (marido e mulher), logo, há necessidade de gastos financeiros, de tempo e espaço: outro problema.

Resolvidos esses problemas iniciais. Temos um segundo problema: esperar nove meses em média para que a criança nasça. Mas, nesse ínterim, há outros problemas a serem resolvidos (médico, hospital, enxoval para a criança, quarto e móveis para acomodar o bebê e outros que podem surgir inesperadamente durante a gestação e parto).

A criança nasceu. Se saudável, menos problema. Se com alguma deficiência, mais problemas que deverão ser resolvidos.

A criação de uma criança até a idade que ela possa por si só resolver seus próprios problemas custa muito (tanto financeiramente quanto emocionalmente). Logo, são problemas que os pais, responsáveis ou o governo (se as crianças forem abandonadas) deverão resolver.

Quando esses seres humanos estiverem aptos a resolver seus problemas, independentemente de sua idade, irão resolver os problemas que os envolvam em suas vidas material, psicológica e espiritual.

E seus pais continuarão a resolver os problemas que lhes surjam a cada segundo de sua existência, até morrerem de maneira digna ou sofrida. Tudo a depender de como resolveram os problemas relacionados com sua saúde. Se tiverem inteligências para isso, se sairão bem. Se não, criarão outros problemas maiores.

E assim a Vida dá continuidade a esse ciclo de solução e resolução de problemas, devido a ser este o objetivo da Vida Humana: **Resolver Problemas**.

Alguns seres humanos resolvem problemas naturalmente, sem se importarem com os mesmos. Outros acabam tendo enfartes, derrames, cânceres, pois se deixam perturbar pelos problemas que os afligem.

Cada ser humano lida com os seus problemas de uma forma especial. Pois não tem jeito de fugir deles, uma vez que os problemas são intrínsecos à própria Vida.

Quanto mais a pessoa vive sua vida, mais problemas ela terá.

"A vida do homem na terra é uma luta, seus dias são como os de um mercenário" (Jó: 7, 1).

O interessante é saber como resolver os problemas de uma maneira que evitemos ter que resolver sempre os mesmos problemas. E sim, já que a Vida é um emaranhado de problemas, pelo menos resolveremos, na medida do possível, novos problemas, e não os velhos e mesmos rotineiros problemas, que desgastam os nossos corpos e vidas.

Para resolvermos os problemas há necessidade de termos Inteligências Inatas ou Desenvolvidas dentro de nós.

Como as Inteligências Inatas são raras nas pessoas. A maioria comum e corrente necessita despertar e desenvolver as suas inteligências para saber resolver os seus problemas.

Quando uma pessoa não sabe resolver um problema, ela está obrigada a contatar alguém para resolver a questão para ela. Sempre que surge um problema e não sabemos resolvê-lo, isso demonstra que, neste momento, somos "imbecis, ignorantes ou deficientes", isto é, não temos desenvolvida a inteligência necessária e adequada para a resolução do referido problema.

Há ainda os casos em que sabemos resolver o problema, mas por falta de tempo ou vontade (outras características de falta de desenvolvimento da inteligência) solicitamos o auxílio de alguém para resolvê-lo para nós.

Os problemas quando surgem a nossa frente é para exclusivamente nós (pessoas inteligentes) resolvermos os mesmos e mais ninguém. Quando pedimos auxílio ou repartimos essa tarefa com alguém, demonstramos que necessitamos de mais inteligências para nos auxiliarem na referida questão.

Por outro lado, por exemplo, a Inteligência Intrapessoal nos diz que isso é inevitável, ou seja, sempre precisaremos de outro ser humano para nos auxiliar em determinados problemas, haja vista que estamos inseridos numa única existência global, a Terra: "Um por todos e todos por um"[2].

As inteligências são essenciais para a resolução de problemas. O intelectualismo auxilia também na resolução de problemas, mas nada adianta sabermos ler um manual de instrução de montagem de um guarda-roupa, por exemplo, se não temos as habilidades motoras, espaciais, artísticas para isso. Poderemos montar corretamente, mas poderão sobrar peças.

Existem outras pessoas que pela falta de desenvolvimento de suas inteligências acabam retornando as suas origens animais,

---

[2] Jargão utilizado nas falas das personagens do filme *Os três mosqueteiros*.

ou seja, esquecem que tem neurônios em seu cérebro (raciocínio) e transformam-se em: "burros", "mulas" e "jumentos" (ALABARCE, 2019, p. 110).

Em hipótese alguma quero ofender esses estimáveis animais, e sim apenas referenciar uma das inteligências de forma metafórica.

O "burro" é a figura da pessoa que está com suas inteligências adormecidas (inertes) e, defronte ao problema, simplesmente para, perde a voz, fica estarrecida, sem palavras, surda, cega; ou seja, "empaca" e não sai do lugar. O problema a envolve tanto que fica totalmente imobilizada.

A "mula" é a característica um pouco diferente do "burro". É a pessoa que está com as suas inteligências semiadormecidas, às vezes, tem lampejos de inteligências despertas, mas quando defronte ao problema entra em pânico. Promove gritos, histerias, reclamações, andanças de um lado ao outro, xingamentos, exteriorizando sua culpa aos alheios, a vida, a Deus e ao mundo; ou em determinados momentos a si própria, como uma infeliz e pobre coitada, mas não consegue pensar em nada para resolver o problema. Somente reclama.

O "jumento" é a imagem da pessoa que está com as suas inteligências pseudodespertas, mas na raiz da sua razão está ainda adormecida e, quando está defronte ao problema, simplesmente explode em afobação e toma as atitudes e comportamentos para resolver os mesmos o mais rápido possível, mas acaba, com isso, por gerar problemas piores. E responde aos que a questionam: "Pelo menos eu fiz alguma coisa...".

Todas essas três características estão presentes em nós, quando não desenvolvemos as nossas inteligências. Trabalhamos com aquilo que temos, ou seja, pensamos e aparentamos ser inteligentes, mas não o somos e não nos preocupamos em trabalhar para modificarmos este estado interior.

O desenvolvimento das nossas Inteligências pode ser realizado de maneira Consciente e Inconsciente.

A maneira Inconsciente é quando realizamos determinados atos e ações que acabam promovendo o desenvolvimento de nossas inteligências sem sabermos.

O modo Consciente é quando realizamos atitudes e comportamentos com objetividade, em prol do despertar e do desenvolvimento das nossas inteligências num processo contínuo.

A primeira maneira vai pela sorte, e o segundo modo pelo conhecimento.

Neste momento o Intelectualismo (Instrução) surge para dar apoio ao despertar e desenvolvimento das Inteligências.

Quando somos inteligentes, por meio de nossas habilidades, conseguimos resolver e prevenir problemas, bem como criar soluções de uso individual ou coletivo.

O QUE SÃO OS PROBLEMAS?

Problema é toda questão que merece uma solução de curtíssimo prazo (para ontem), de imediato prazo (para agora), de curto prazo (para amanhã), de médio prazo (para depois de amanhã) ou longo prazo (para outro dia). A sua solução pode ser imperceptível ou perceptível.

A solução imperceptível é aquela que não notamos ou à qual não damos importância para a solução do problema. Resolvemos a questão e pronto (mecânica e automática). Muitas vezes, nem lembramos que resolvemos tal pendência.

A solução perceptível é aquela que exige um trabalho com os nossos campos sensoriais e certa atenção na solução do mesmo. Nessa solução, os problemas podem envolver pequeníssimas, pequenas, médias, grandes ou grandessíssimas seriedades e importâncias.

Para cada problema há no mínimo uma solução. Sempre há soluções para os problemas.

Solução, neste trabalho, é todo processo que resulta numa resposta adequada ao problema, isto é, no aspecto de solver, fazer desaparecer.

Processo, neste trabalho, é todo o procedimento com o objetivo de dar uma resposta a uma questão requerida.

A vida é formada de problemas, por isso, o objetivo nela é resolvê-los. Mas para isso não podemos nos deixar envolver pelos problemas, e sim resolvê-los, na medida do possível e conforme o nosso querer; para que não nos tornemos com o passar do tempo um ser problemocêntrico.

O Problemocentrismo é a terminologia que indica que os problemas tornaram-se o centro das nossas vidas, ou seja, nós não conseguimos viver sem eles.

O Problemocentrismo é uma "patologia" que envolve todos os nossos campos energéticos, perturbando-nos desde a nossa mente até a nossa área genital, deixando-nos desequilibrados e até mesmos tornando-nos dependentes do problema (SÁ, 2011).

Muitos problemocêntricos não conseguem viver em harmonia, tranquilidade e paz. Necessitam estar agitados e preocupados com os problemas. Procuram problemas para se envolverem, sejam deles próprios ou de outras pessoas.

Esses seres humanos não entendem que a própria existência já é um problema e querem criar e envolver-se ainda mais. Sentem prazer por isso, mesmo que isso os leve a doenças e até a morte. Não dão chance para que as situações se equilibrem. Não conseguem separar uma circunstância da outra. Acabam sendo reféns dos problemas. E assim, perdem a capacidade de ver o belo, tornando-se pessimistas, negativistas e doentes, além de prejudicarem a si e aos outros, pois estão sempre reclamando de tudo, mesmo que no momento não estejam vivenciando nenhum drama.

Sempre quando alguém fala que tem alguma perturbação, respondem de imediato: "Ah! Você não sabe o que eu estou passando!"; "Oh! Com eu sofro!"; "Se eu não falar do meu problema, vou explodir!"; e outras expressões.

Se chover, reclamam porque chove. Se não chove, reclamam porque não chove, e assim por diante.

O problemocentrismo envolve todos os que adoram os problemas, sendo que, na maioria das vezes, já estão dominados por eles, e não conseguem enxergar que suas inteligências, e principalmente sua Consciência, estão totalmente adormecidas e automatizadas. Essas pessoas são robôs, e não humanas.

Mesmo que vivamos para resolver problemas em nossas vidas, devemos fazê-lo de forma mais consciente possível, para não sermos o problema em si.

O problema é infinito. É uma anomalia da existência eterna. Por isso, a Vida surgiu e foi gerada para resolvê-lo.

Para tal, necessitamos olhar e identificar o problema que nos envolve e nos é apresentado, do lado de fora do mesmo, ou seja, como se o problema não fosse nosso, e sim de outra pessoa, e resolvê-lo sem ocorrer a nossa identificação com o mesmo.

Não devemos deixar que o problema tome conta ou nos dirija, mesmo sabendo que ele faz parte e é inevitável a nossas vidas.

A autoidentificação com o problema ocorre quando o ser humano ao se deparar com um problema dá muito mais importância e poder a ele do que ele merece. E se vê encurralado, sem saída, como se aquele problema fosse matá-lo material, psicológico e espiritualmente (Lc: 12, 4).

Identificarmo-nos com o problema somente nos causaria o problemocentrismo e não resolveria a questão.

Nós nascemos com o objetivo de resolvermos problemas, independentemente de quais forem ou de quem quer que seja.

Deus nos deu a oportunidade única de resolvermos problemas: por meio da Vida; e para resolvê-los necessitamos estar com as nossas Inteligências despertas e desenvolvidas.

"Repousará sobre ele o Espírito do Senhor, o Espírito de sabedoria e de inteligência..." (Is: 11, 2).

COMO DESPERTAR AS INTELIGÊNCIAS?

"A idéia de um ensino despertador pelo interesse do aluno acabou transformando o sentido do que se entende por material pedagógico e cada estudante, independentemente de sua idade, passou a ser um desafio à competência do professor" (ANTUNES, 2000, p. 36).

Para despertar as nossas inteligências, necessitamos da simples prática de uma dessas atividades esportivas: **Boliche, Golfe, Xadrez, Ginástica Aeróbica, Atletismo.**

Há também a possibilidade da **Convivência com Pessoas Inteligentes** (veremos adiante).

Referente à prática esportiva, não há necessidade de se praticar todas elas, e sim somente uma delas por um período de 30 minutos, num intervalo máximo de 15 dias por prática. Isso é o suficiente para mexer com os nossos neurônios e assim estimular a região cerebral que manifesta as nossas Inteligências.

Essa prática promove um verdadeiro "chacoalhar" em nossas células e ligações neurais.

O corpo físico se manifesta por meio das várias funções orgânicas, cujo estudo é feito pela Fisiologia, a qual envolve a digestão, circulação, respiração, excreção, do sistema endócrino (hormônios) e do sistema nervoso etc.

Referente à Fisiologia do Sistema Nervoso, encontram-se os neurônios, os quais são células especiais que transmitem informações elétricas e fundamentalmente de um corpo celular de prolongamentos denominados dendritos e axônios.

Entre um neurônio e outro ou entre um neurônio e um músculo (ou glândula), há um pequenino espaço denominado sinapse. Nesse espaço é liberada, pelo neurônio, uma substância denominada mediador químico ou neurotransmissor, cuja finalidade é promover a transmissão do impulso de um neurônio a outro. Entre essas substâncias citam-se: a acetilcolina, a adrenalina, a noradrenalina, a serotonina etc.

O Sistema Nervoso Central, por meio de neurônios sensoriais, recebe informações do meio ambiente e do interior do organismo, faz a análise das informações e elabora as respostas que são transmitidas mediante os neurônios motores aos sistemas nervosos: somático e autônomo.

Para obter o despertar das inteligências, além da prática de uma das referidas atividades esportivas, há necessidade de alguns critérios: a **Realização**, a **Sensibilidade** e a **Disciplina**.

Quanto à Realização, verificamos que ao desejarmos despertar as nossas inteligências devemos praticar o exercício recomendado de maneira que a nossa mente e corpo estejam centrados na prática e não a realizarmos de maneira displicente.

Quanto à Sensibilidade, devemos sentir os efeitos físicos e mentais da atividade (cansaço, esforço, suor, desgaste, dores ou outra reação pelo referido exercício). Se nada disso ocorreu, devemos praticar novamente o exercício ou aumentar o período em cinco minutos. A sensibilidade não precisa ser grande, pode ser mínima, mas tem que existir.

Quanto à Disciplina, devemos realizar a prática com dinamismo e vibração. Deixando a preguiça e a desconcentração de lado e procurando mentalizar sempre o objetivo do despertar das inteligências. Lembrando-nos sempre que essa prática não é um *hobby*, e sim um trabalho.

A prática de no mínimo 30 minutos, num intervalo máximo de 15 dias, é o necessário para que as nossas células cerebrais (neurônios) iniciem a atividade de despertar das inteligências.

Há alguns casos em que necessitamos realizar a prática do referido esporte num período de tempo maior que 30 minutos, para sentir os primeiros efeitos da mesma.

Quanto maior a duração e menor o intervalo entre as sessões de exercícios, mais dinâmico será o despertar das inteligências; mas cada qual deverá respeitar o seu limite.

Boliche

O **Boliche** é um esporte em que se faz deslizar por uma pista retangular uma bola, buscando derrubar um conjunto de balizas. Devemos realizar esse exercício, inicialmente, sentindo o ambiente em que estamos, por meio da nossa observação, identificando o local, as bolas, as balizas, a distância que a bola deve percorrer, bem como o limitador (linha divisória) para o lançamento da bola.

Após esse primeiro momento, deveremos apanhar a bola e verificar que cada uma delas tem um peso indicado e senti-las (seu peso) e procurar a de melhor adaptação para a nossa resistência e força ao lançamento.

Em seguida colocamos, de maneira adequada, os dedos nos orifícios da bola; sentimos a bola; olhamos para as balizes; olhamos para a pista e, olhando novamente as balizes, lançamos a bola; e com isso fazemos com que o nosso corpo seja um instrumento de lançamento da bola.

No início teremos algumas dificuldades, mas logo nos aperfeiçoaremos; pois o importante nessa prática do Despertar das Inteligências não é acertar as balizes, e sim realizar o exercício:

apanhar a bola, sentir o peso dela, concentrar-se nas balizes e na pista e lançar a bola. Esses são os importantes passos para este exercício.

Golfe

O **Golfe** é um esporte de origem escocesa que consiste em impelir com um taco uma bolinha maciça, fazendo-a entrar numa série de buracos. Mesmo sendo uma prática aqui não muito barata, é muito utilizada para o Despertar das Inteligências.

· Devemos inicialmente identificar e sentir o ambiente em que estamos; observando que é um pouco diferente do boliche. Essas regiões estão envolvidas por gramados, árvores, bancos de areia, inclinações e declives; e a distância inicial até o final do percurso da atividade é um pouco longa. Também devemos observar que existem vários tipos de tacos (ferros), conforme a sua numeração, usa-se para determinados tipos de tacadas (lances), devido ao posicionamento da bolinha.

Também não devemos esquecer do pino e do marcador, para dar apoio à bola e ao nosso posicionamento, após um lançamento, respectivamente.

Após esse momento, devemos aprumar a bolinha e, sob a posição adequada, olhar o local em que desejamos posicionar a bolinha; formar um único instrumento de ação (corpo e taco) e, por meio de um movimento ímpar e único, levantar o taco (diago-nalmente), conforme o momento, olhando sempre para a bolinha e atingi-la, continuando esse movimento com o auxílio do seu corpo para o outro lado, levando a visão para a bola que está sendo arrebatada.

Devemos respirar ao levantar o taco e somente expirar após a tacada e o lançamento da bolinha.

No princípio, o exercício é um pouco complicado e cansativo, mas, como no boliche, a prática leva à perfeição.

Como no boliche, na prática do Golfe, não há necessidade da perfeição, e sim do simples exercício para o Despertar das Inteligências.

Jogo de Xadrez

O **Xadrez** é um jogo composto por um tabuleiro quadriculado, tendo seus espaços intercalados pelas cores branca e preta (basicamente).

O Xadrez é composto por diversas peças, de duas cores, geralmente branco e preto (uma para cada jogador), dentre elas: 02 Torres, 02 Cavalos, 02 Bispos, 01 Rei, 01 Rainha e 08 Peões, que permanecem à frente, no tabuleiro, das peças mencionadas anteriormente.

O objetivo do jogo do Xadrez é dar o Xeque-Mate na peça do Rei do seu oponente.

Cada peça do jogo tem seu próprio movimento peculiar.

O importante nestes exercícios é, em um primeiro momento, observar o ambiente em que se está, o tabuleiro, as peças e o relógio marcador de tempo, se tiver.

Após isso, devemos nos concentrar nos movimentos que faremos, de nossas peças, mas estudar mentalmente os prováveis movimentos que o nosso adversário poderá realizar e como se defender ou atacar aos mesmos, promover a boa realização da prática.

Para o Despertar das Inteligências não há necessidade de vencer o jogo, e sim a concentração e a percepção das e nas jogadas.

Ginástica Aeróbica

A **Ginástica Aeróbica** é a arte de exercitar o corpo, para fortificá-lo ou dar-lhe agilidade, utilizando para isso alongamentos físicos, acrobacias, movimentos constantes do próprio corpo. Geralmente é realizado em academias de ginástica.

A Aeróbica é uma atividade ritmada por música e movimentos diversos e sincronizada. Ela promove a oxigenação do cérebro, ou seja, uma purificação e energização das células cerebrais, bem como o desenvolvimento da coordenação motora e mental.

Esta prática promove o Despertar das Inteligências, uma vez que ativa os nossos campos: mental, emocional, intuitivo, motor e sexual.

Atletismo (corrida)

O **Atletismo** é a prática de esportes que envolve o corpo físico (campo motor = membros superiores e inferiores). Para o Despertar das Inteligências, o esporte atlético mais recomendado por nós é a corrida (*Cooper*).

O *Cooper* é a atividade de correr de maneira ordenada e constante, podendo existir uma parada para caminhada e outra para a corrida.

Antes e após a prática atlética (corrida), recomenda-se um bom aquecimento (alongamento).

A prática mínima de 30 minutos diários é valiosíssima para o Despertar das Inteligências, pois promove a oxigenação cerebral (como a aeróbica), bem como estímulos dos membros superiores e inferiores.

A nossa mente deve estar centrada nos movimentos da corrida e caminhada e no próprio corpo, ao mesmo tempo. Como na Ginástica Aeróbica, necessita-se bastante concentração no exercício. E uma como a outra, antes de sua prática é necessária uma avaliação médica ou fisioterápica.

Essas cinco práticas básicas para o Despertar das Inteligências estão expostas de maneira sucinta, mas a sua prática proporciona grandes estímulos às Inteligências.

Convivência com Pessoas Inteligentes

Há no mundo muitas pessoas inteligentes (inatas ou desperto-desenvolvidas), mas não basta somente conhecê-las ou conviver com elas. Há necessidade de observá-las e praticar o que elas fazem (ações) para que se possa despertar em nós as nossas inteligências, ou seja, praticar a Observação, a Memória e o Raciocínio (ALABARCE, 2019, p. 173). Ou seja, devemos conhecer, conviver e aprender com pessoas mais inteligentes que nós.

Antes de iniciar qualquer prática para o Desenvolvimento das Inteligências, deveremos praticar o Despertar das Inteligências, um prévio aquecimento dos neurônios, para que eles possam estar preparados a estimular suas Inteligências adequadamente.

"Pelo que diz: Desperta, ó tu que dormes, e levanta-te dentre os mortos, e Cristo te iluminará" **(Ef: 5, 14).**

QUANTAS E QUAIS SÃO AS INTELIGÊNCIAS?

Segundo Gardner (1994), temos muitas inteligências dentro de nós, de formas inatas e inertes.

Para o nosso trabalho, destacamos 14 Inteligências. Esse não é um número exato, poderão existir outras mais, pois a mente humana é infinita em potencialidades. Mas estas são as básicas:

1. Inteligência Linguística; 2. Inteligência Musical; 3. Inteligência Lógico-Matemática. 4. Inteligência Espacial; 5. Inteligência Emocional; 6. Inteligência Pessoal; 7. Inteligência Metafísica; 8. Inteligência Naturalística; 9. Inteligência Hormonal; 10. Inteligência Empreendedora; 11. Inteligência Intuitiva; 12. Inteligência Corporal; 13. Inteligência Artística; e 14. Inteligência Financeira.

Estado Inato é quando as Inteligências que nascem conosco já estão despertas e atuantes.

Estado Inerte é quando as Inteligências que nascem conosco estão adormecidas e passivas.

1. Inteligência Linguística

"Vossas palavras iluminam e dão inteligência aos simples" (Sl: 119, 130).

Inteligência Linguística é a habilidade de resolver problemas relacionados à comunicação; às expressões faladas, escritas e gesticuladas. É a facilidade e domínio dos quatro potenciais linguísticos:

1º) Tétrade Linguística (Fonologia = oralidade, oratória, fala, som das palavras; Sintaxe = colocação adequada das palavras; Semântica = o signo e o significado das palavras; e Pragmática = as regras para o uso das palavras).

2º) Potencial Mnemônico (a arte e técnica do desenvolvimento da memória; lembrar de informações = habilidade de relacionar palavras a outros tipos de símbolos, como números e figuras).

3º) Compreensão e Interpretação (saber ler, escrever e entender um texto verbal e não verbal, bem como saber argumentar sobre o mesmo).

4º) Entendimento (saber escrever, ler e ouvir) e o gestual (LIBRAS).

2. Inteligência Musical

> *"Pronto está o meu coração, ó Deus; quero cantar e entoar hinos. Desperta, glória minha; despertai harpa e cítara, quero acordar a aurora. Entre os povos, meu Senhor, quero celebrar-vos entre as nações entoar--vos-ei salmos"* (Sl: 108, 1-4).

Inteligência Musical é a habilidade de resolver problemas que envolvam a música.

Música é a arte e ciência de combinar os sons de modo agradável aos ouvidos, envolvendo a letra, o tom e instrumentos musicais.

Letra, referente à Música, é a parte que envolve tanto a escrita como a partitura, (disposição gráfica das partes vocais e instrumentais duma composição, para permitir a sua leitura simultânea).

Tom, referente à Música, é a altura do som, sua qualidade e estilo.

Todos são musicalmente competentes, ou seja, carregamos a habilidade para a Música (na sua composição, canto e manuseio com instrumentos musicais).

Os instrumentos musicais que mais se afeiçoam à Inteligência Musical são: o Piano, o Violino e a Harpa. Mas os outros instrumentos musicais também colaboram com o desenvolvimento da referida inteligência.

3. Inteligência Lógico-Matemática

"Assim, determinei em meu coração saber, inquirir e buscar a sabedoria e a razão, e conhecer que a perversidade é insensatez, e a estultícia é loucura" (Ec: 7, 25).

Inteligência Lógico-Matemática é a habilidade de resolver problemas que envolvam a lógica e a matemática.

Lógica é a coerência de raciocínio e de ideias, por meio da racionalidade.

Racionalidade é a faculdade de usar a razão, o juízo, para avaliar e ponderar conceitos universais.

Matemática é a ciência que envolve os números e suas operações.

A Lógica está envolvida com as afirmativas e a Matemática com as entidades abstratas.

A Inteligência Lógico-Matemática envolve as habilidades nos universos causais, ou seja, conseguimos com certa facilidade identificar, por meio do nosso raciocínio lógico, as consequências de determinadas ações, sejam elas exatas, humanas ou biológicas.

4. Inteligência Espacial

"Trouxe-me para um lugar espaçoso; livrou-me, porque tinha prazer em mim" (Sl: 18, 19).

Inteligência Espacial é a habilidade de resolver problemas que envolvam o espaço e suas dimensões, tais como: **quantidade, qualidade** e **movimento**.

Referente à Quantidade, indica os vários problemas (pequenas, médias ou grandes proporções), que surgem de uma única vez ou de maneiras diferentes e complexas (ambientes diferentes; características ambíguas; estruturas grosseiras e finas), exigindo certa versatilidade para administrar e organizar a questão ou questões, em busca das soluções pertinentes a cada caso.

Referente à Qualidade, indica os diversos meios ou caminhos utilizados para a resolução do problema espacial. Respondendo as questões: o que fazer? Como fazer? Qual a melhor maneira de se fazer? Quanto tempo será gasto para fazer? Qual a velocidade necessária para se fazer? Logo, respondidas essas questões, pode-se iniciar o trabalho a envolver a qualidade.

Referente ao Movimento, tem-se várias outras opções na resolução da questão, como, por exemplo, o sentido da visão e do tato na observação do problema não somente de um único ângulo, mas de todos os lados possíveis e imagináveis, ou seja, deve-se observar o problema de todas as maneiras possíveis para encontrar o caminho mais fácil de ser percorrido para a solução de tal questão no tempo adequado.

O tempo é um instrumento de bom uso para a Inteligência Espacial, pois ele dá condições aptas para avaliar a velocidade necessária que se gasta ou a utilizar-se para a solução do problema.

A Inteligência Espacial se torna imprescindível para a solução de problemas que envolvam as áreas da arquitetura, engenharia, escultura, decoração e similares.

5. Inteligência Emocional

"Em todas as tuas ações sê moderado e nenhum dano te alcançará" (Eclo: 31, 22).

Inteligência Emocional é a habilidade de resolver problemas que envolvam a harmonia nos campos sensoriais: mental, emocional, intuitivo, motor e sexual.

Harmonia é a estabilidade entre a exaltação e a anulação. Alcançada quando estamos longe desses dois extremos. É o movimento energético que permite a tranquilidade desde o pensamento até a ação.

Procurar a harmonia é algo bastante complicado, pois sempre estamos ou de um lado ou do outro lado do pêndulo. Ou estamos exaltados ou anulados em nossas ações.

Não podemos encontrar o ponto de equilíbrio em nós, sendo "8 ou 80". Devemos ser "44", ou seja, harmônicos, por meio do bom senso e da diplomacia do politicamente correto.

Quando estamos num dos extremos, significa o nosso desequilíbrio. Tanto na qualidade como no defeito. O extremamente defeituoso é igual ao extremamente virtuoso (ambos estão desequilibrados).

O avarento tem a mesma proporção de desarmonia que o esbanjador.

A Inteligência Emocional procura a linha mediana, nem tanto aos "gregos", nem tanto aos "troianos". Nessa linha se encontra a temperança.

Quanto mais paz se pede e grita-se, mais guerra tem-se. É no extremo que se encontra o desequilíbrio.

6. Inteligência Pessoal

> *"Do mesmo modo que, em um só corpo, temos nós muitos membros, e nem todos os membros têm a mesma função, assim nós, todos juntos, constituímos em Cristo um corpo único, sendo individualmente membros uns dos outros"* (Rom: 12, 4-5).

Inteligência Pessoal é a habilidade de resolver problemas que envolvam o relacionamento com as pessoas e consigo. Ela pode ser dividida em duas estruturas: a Interpessoal e Intrapessoal. Sendo também conhecida como Inteligência Social.

> *[...] a inteligência social pode ser definida como a nossa capacidade de equilibrar nossas informações emocionais e administrá-las corretamente para analisar e compreender as características socioemocionais das outras pessoas à nossa volta.* (BUILDING 8, 2023).

A Interpessoal (fora da própria pessoa) é a habilidade de lidar com as pessoas em geral. Conhecer as suas personalidades, seus caracteres, seus pontos fortes e fracos, suas sensibilidades, gostos, simpatias, antipatias, opiniões, desgostos e tudo o que elas são, pensam, sentem e como agem e reagem.

A Intrapessoal (dentro da própria pessoa) é a habilidade de resolver problemas relacionados a si mesmo, de foro íntimo. Ter o autoconhecimento, ou seja, saber o que pensa; sentir o que deseja; suas fortalezas e fraquezas, suas dificuldades, seus limites, e tudo o que possa saber sobre si mesmo.

Logo, existem dois tipos de relacionamento. Um com as pessoas que o rodeiam e outro consigo mesmo.

> *Se você conhece o inimigo e conhece a si mesmo, não precisa temer o resultado de cem batalhas. Se você se conhece, mas não conhece o inimigo, para cada vitória ganha sofrerá uma derrota. Se você não conhece nem o inimigo nem a si mesmo, perderá todas as batalhas...* (SUN TZU, 2002, p. 29).

Inúmeros problemas nos circulam interna e externamente, e quando nos autoconhecemos integralmente (intrapessoal), conhecemos integralmente o nosso próximo (interpessoal).

7. Inteligência Metafísica

"Fé é consistência daquilo que se espera, demonstração de realidades que não se veem" (Hb: 11, 1).

Inteligência Metafísica é a habilidade de resolver problemas com o auxílio da Fé e das Forças Sobrenaturais.

Fé é a nossa crença, confiança firme na execução e resposta afirmativa numa promessa, compromisso ou pedido (voto).

Força Sobrenatural é tudo aquilo que se refere ao mundo invisível (espiritual), a uma dimensão diferente, ou seja, o ambiente onde vivem Deus, Jesus Cristo, os Santos, os Anjos e similares.

Inúmeras pessoas carregam em si uma fé e a utilizam principalmente nos momentos em que estão agradecendo algo ou solicitando alguma solução para determinado problema.

Isso é comprovado pelas diversas manifestações de agradecimento pelas "Graças" recebidas e problemas resolvidos, por intermédio da Inteligência Metafísica, em nosso país e pelo mundo afora. Independentemente da religião que seguimos.

A Inteligência Metafísica tem como sua base a Fé, a qual é um instrumento muito poderoso e forte, podendo mover até montanhas (Mt: 17, 20); imaginemos os problemas, os quais são menores e mais fracos que elas (Mt: 21, 22).

8. Inteligência Naturalística

"Não sabeis que o vosso corpo é templo do Espírito Santo, que habita em vós, que vos foi dado por Deus e que vós não sois senhores de vós mesmos?" **(1 Cor: 6, 19).**

Inteligência Naturalística é a habilidade de resolver e ou prevenir problemas relacionados ao organismo humano (saúde física e mental), utilizando-se métodos naturais, ou seja, conduzindo a vida numa caminhada sadia; disciplinando o corpo e a mente com uma alimentação, atividade esportiva, lazer e sono saudáveis, mantendo-o sereno e sóbrio, afastando-o do desgaste de atividades desnecessárias e de tudo que possa causar-lhe dano físico e mental.

A Inteligência Naturalística promove a procura pela longevidade ativa e consciente, o retardo do envelhecimento físico e mental e a eterna jovialidade, disposição e lucidez do corpo em seus aspectos mental, psicológico e espiritual.

A prática constante de algum tipo de atividade ou produtividade (atitude e comportamento) saudável são os elementos que envolvem a Inteligência Naturalística, proporcionando o nosso bem-estar e harmonia físico-mental.

Atitude, para este trabalho, é tudo aquilo que provém do nosso pensamento e sentimento.

Comportamento, para este trabalho, é toda ação, omissão e reação que realizamos.

A Inteligência Naturalística sempre visa a um objetivo; ao atingi-lo, deve-se passar para outro, motivando assim o corpo e a mente constantemente. Ela não permite a estagnação (aposentadoria física e mental), mas luta contra a morte física e mental degradante e indigna.

9. Inteligência Hormonal

"Ninguém jamais odiou sua própria carne, antes cada qual a nutre e dela toma cuidados" (Ef: 5, 29).

A Inteligência Hormonal é uma parte derivada da Inteligência Naturalística, com um detalhe diferenciador, trabalha diretamente com as glândulas hormonais, ou seja, os hormônios, os quais são vitais para o perfeito funcionamento do corpo humano.

A Inteligência Hormonal é a habilidade de resolver problemas com o auxílio e pela harmonia de suas glândulas. A partir do momento que as glândulas hormonais não estiverem trabalhando de maneira inteligente, ou seja, adequadamente, os transtornos ocorridos ao corpo humano serão terríveis, bem como tudo o que ele pensa, sente, intui e faz e sua aparência física.

A desarmonia dos hormônios ocasiona terríveis e até irreversíveis problemas a nossa mente e corpo.

A reposição hormonal, em determinados casos diagnosticados e orientados por especialistas, pode promover o ajuste do corpo.

A Inteligência Hormonal trabalha com o lado interior do corpo humano, promovendo a regularização da saúde interna, isto é, ele é um regulador das funções do organismo físico.

Necessitamos ter uma Inteligência Hormonal sempre desperta e em desenvolvimento constante, para que não tenhamos problemas nos nossos sistemas orgânicos.

Hormônio é uma palavra de origem grega, "*hormon*", que significa "aquele que excita". Então, a Inteligência Hormonal é aquela que causa os nossos estímulos, isto é, promove a nossa vontade de fazer, seja ela teórica ou prática.

A ausência de estímulos ou vontades pode ser um sinal de desequilíbrio hormonal, isto é, a nossa Inteligência Hormonal está falhando ou necessitando de desenvolvimento.

Existem inúmeras quantidades de hormônios diferentes em nosso corpo, sendo que cada qual com a sua finalidade imprescindível. Eles são produzidos pelas glândulas endócrinas, mas há células isoladas que segregam hormônios, como sucede com algumas células do estômago e do duodeno.

Um exemplo bem simples da potência da Inteligência Hormonal:

Se uma criança do sexo masculino, ao nascer, tiver no seu corpo uma grande quantidade de hormônios femininos (Progesterona e Estrogênio), os mesmos poderão deixá-la com feições femininas e até mesmo com uma estrutura física feminina. Mesmo ela sendo do sexo masculino. E vice-versa.

Por isso que, antes do preconceito sexual, devemos entender a nossa Inteligência Hormonal e a do nosso semelhante.

A Inteligência Hormonal é responsável por nossas Atitudes e Comportamentos pessoais (o que pensamos, sentimos e fazemos; deixamos de pensar, sentir e fazer).

10. Inteligência Empreendedora

> *"Ezequias chegou a possuir riquezas e glórias imensas. Fabricou para si cofres para a prata, o ouro, as pedras preciosas, os perfumes, os escudos e toda a sorte de objetos preciosos; também armazéns, para o produto de trigo, de vinho, de azeite, e estábulos para toda a sorte de animais. Formou para si rebanhos e grande quantidade de gado maior e menor porque Deus lhe tinha concedido bens imensos"* (2 Crôn 32, 27-29).

Inteligência Empreendedora é a habilidade de resolver problemas ligados aos assuntos administrativos, organizacionais e empresariais.

Assuntos administrativos são aqueles que envolvem problemas de gerir negócios públicos ou privados; conferir cargos; investimentos; dominar a situação gerencial de um local e promover assim a sua prosperidade.

Assuntos organizacionais envolvem os problemas na própria e alheia organização, ou seja, colocar e fazer funcionar as coisas, conforme as regras, a ordem, a disciplina, a hierarquia e os objetivos propostos ou estipulados pela mesma.

Assuntos empresariais se referem, neste caso, a resolver problemas que envolvam a abertura e desenvolvimento de uma organização, ou seja, o empreendedorismo em si.

Muitas empresas são abertas e poucas continuam a funcionar, muitas vezes, devido à carência do desenvolvimento desta Inteligência em seus gestores e empreendedores.

A Inteligência Empreendedora nos auxilia a nos organizarmos (tempo e espaço) e saber organizar pessoas, objetos e ambientes, bem como criar situações favoráveis a nós, aos outros e ao ambiente em que estamos inseridos, dando-nos uma visão global de tudo o que nos rodeia.

11. Inteligência Intuitiva

"Disse Jesus: O Confortador, o Espírito Santo, que o Pai enviará em meu nome, ele vos ensinará tudo e vos recordará tudo o que vos disse" (Jo: 14, 26).

Inteligência Intuitiva é a habilidade do ser humano de resolver problemas, utilizando-se para isso da **Percepção**, por meio da **Indução** e da **Dedução**.

Percepção é a faculdade de vermos ao longe (futuro) o que pode ocorrer conosco, por meio dos nossos sentidos (audição, visão, olfato, paladar e tato) e sensações (sensibilidade, intuição).

Indução é a facilidade de fazer com que os outros pensem, sintam ou tenham determinadas atitudes e comportamentos. Induzir alguém é fazer com que uma pessoa faça aquilo que desejamos, sem pestanejar.Dedução é sabermos de modo subjetivo no que pode resultar determinada operação, baseados nos acontecimentos ou por nossa mera sensibilidade.

A Intuição é considerada o nosso "sexto sentido"; a nossa consciência falando conosco; o próprio Espírito Santo de Deus se manifestando em nós; pois conseguimos resolver e prevenir problemas "ouvindo" essas inquietudes e estímulos internos, ou seja, a nossa Inteligência Intuitiva.

Existem várias situações em que conseguimos sentir, pressentir, ver que algo está certo ou errado, e que tal ação pode gerar resultados malignos ou benignos para conosco. Essa intuição pode se dar por premonição, sonhos ou mesmo, por meio da sensibilidade que se desenvolve por esta Inteligência.

A Inteligência Intuitiva auxilia na prevenção e na resolução de problemas eficazmente.

12. Inteligência Corporal

> *"Jesus Cristo transformará o nosso corpo miserável, tornando-o semelhante ao seu corpo glorioso, em virtude daquele poder com que pode sujeitar ao seu domínio todas as coisas"* (Flp: 3, 21).

A Inteligência Corporal é a habilidade de resolver problemas com o auxílio ou por meio do uso hábil do corpo físico.

O corpo físico abrange todo o nosso organismo, desde a aparência, estrutura física até a nossa maneira de falar, gesticular, expressar-nos e vestir-nos, controlando assim todos os movimentos do nosso corpo.

Temos como exemplo: os dançarinos, os nadadores, os mímicos, os atletas, os atores, os pugilistas etc., os quais buscam uma harmonia perfeita entre o corpo e a mente.

A Inteligência Corporal, mesmo limitada ao próprio corpo, produz ações físicas sobre os objetos e as pessoas no mundo.

A postura inadequada demonstra ausência dessa inteligência.

A ausência do desenvolvimento da Inteligência Corporal provoca o sedentarismo, o isolamento social e o mau humor crônico.

13. Inteligência Artística

> *"Mas agora estamos livres da lei, pois morremos para aquilo em que estávamos retidos, a fim de servirmos em novidade de espírito, e não na velhice da letra"* (Rom: 7, 6).

A Inteligência Artística é uma derivação da Inteligência Corporal, que se compõe de características próprias. Ela é a habilidade de resolver problemas relacionados às artes (na sua criatividade, inovação e renovação).

Artes ou Conhecimento Artístico, simplificadamente, é a ciência que estuda a dominação do ser humano sobre a matéria, reproduzindo nela a sua ideia.

Existem diversos tipos de Artes: Grafia, Artesanato, Cosimento, Escultura, Pintura, Desenho, Teatro, Cinema, Fotografia, Rádio, Televisão, Informática, Cozimento, Decoração etc.

Quando a Inteligência Artística se manifesta provoca a elaboração do novo para o nosso bel-prazer ou de uma coletividade.

14. Inteligência Financeira

> *"Ditoso o rico que foi encontrado sem defeito e não se extraviou em busca do dinheiro! Quem é este, para que o louvemos, pois fez maravilhas entre seu povo. Àquele que foi tentado pelo dinheiro e encontrado perfeito, está reservada uma glória eterna. Podia ele transgredir a lei de Deus e não o fez podia fazer o mal e não o fez. Por isso os seus bens serão fortalecidos no Senhor, e toda a assembléia dos santos celebrará os seus louvores"* (Eclo: 31, 8-11).

A Inteligência Financeira é a habilidade de gerenciar e resolver problemas que envolvam o dinheiro (pecúnia, investimentos, bens etc.).

É algo aparentemente ligado à Inteligência Empreendedora, mas existem alguns detalhes que a diferenciam desta última, pois muitas vezes temos uma habilidade na área empreendedora, mas na parte financeira complicamo-nos e acabamos "trocando os pés pelas mãos", falindo o negócio que administramos. A Inteligência Financeira tem algumas características que a tornam singular, podendo-se destacar que, com o desenvolvimento desta inteligência, mesmo se for simples intelectual e culturalmente, poderemos conquistar inúmeras outras coisas, pois saberemos perfeitamente gerenciar o nosso dinheiro ou alheio, que nos é confiado ou destinado.

Um dos segredos é colocar na mente 10% a menos que ganha e guardar tal economia.

Aspectos Gerais

Essas são as identificações das 14 (quatorze) Inteligências que estão inseridas no nosso interior. Elas podem estar num estado ativo ou inerte. Quando adormecidas, deveremos estimulá-las para o seu desenvolvimento adequado.

Após o trabalho com o Despertar das Inteligências (boliche ou golfe ou xadrez ou ginástica ou atletismo), deveremos começar a realizar o segundo trabalho, que envolve o Desenvolvimento das Inteligências.

Cada inteligência tem seu modo próprio de desenvolvimento.

Os desenvolvimentos dessas inteligências se derivam em dois módulos: 1) Desenvolvimento Inicial; e 2) Desenvolvimento Contínuo.

O Desenvolvimento Inicial (DI) visa dar o estímulo necessário para que nossos neurônios (cérebro) comecem a propiciar meios necessários para que possamos sentir **Vontade** e **Coragem** para trabalhar com aquela respectiva Inteligência.

A Vontade é o ato de se fazer algo; de promover alguma coisa; ser otimista para alguma coisa. Sem ela não há movimento, progressão e evolução (Jo: 5, 30).

Excluindo-se os motivos patológicos e distúrbios psíquicos, a ausência da vontade (preguiça) é o causador principal da inércia do desenvolvimento das inteligências, ou seja, o acúmulo de problemas; baixa autoestima; desvalorização social e ausência de habilidades pessoais.

Devemos lutar contra a preguiça, a qual é a causadora de muitas desgraças, desventuras e mal-estares físicos e psicológicos; e, para combater esse mal, somente a Oração e o Jejum (Prov: 6, 9-11).

Além da Vontade, há necessidade também da Coragem, ou seja, a força e ousadia interna de querer melhorar, progredir, transpassar fraquezas, medos, inquietudes, desconfianças, dúvidas e incredulidade (Jo: 15, 5).

A Coragem combate os medos, os quais nos anulam, tornando-nos inúteis, uns vivos mortos que têm medo de tudo e nada fazem. Não nos arriscando. Não acreditando e nem buscando o novo. Aceitamos tudo como se fôssemos vítimas, esquecendo-nos e tornando-nos apenas um número, um registro geral, um código e nada mais.

Devido as nossas fobias, que nos envolvem e consomem tanto, colocam-nos num círculo maligno da Síndrome do Pânico.

O medo faz tornarmo-nos dependentes e marionetes do destino. Não conseguimos andar com as próprias pernas, perdendo a nossa identidade, tornando-nos pessoas comuns e correntes (mornas, insalubres e malcheirosas).

Sendo o contrário verdadeiro, pois a Coragem dá ânimo, energia, fogo, vitalidade; e junto com a responsabilidade combate a preguiça, o desânimo e a inércia (Lc: 11, 21).

Esses dois substantivos (Vontade e Coragem) são básicos e necessários para que alcancemos o objetivo proposto: o Desenvolvimento das Inteligências.

"Ora, a estes quatro jovens Deus deu o conhecimento e a inteligência em toda cultura e sabedoria. E Daniel tornou-se entendido em todas as visões e em todos os sonhos" (Dn: 1, 17).

O QUE SÃO AS INTELIGÊNCIAS E COMO DESENVOLVÊ-LAS?

O Desenvolvimento das Inteligências (D.I.) é o trabalho realizado que propicia o progresso das respectivas inteligências após o seu despertamento.

Trabalho é o resultado do desgaste de energia na aplicação de uma atividade ou produtividade.

Atividade é toda ação que não produz um retorno financeiro ao seu praticante e ou a outrem, apenas um retorno emocional (prazer, satisfação).

Produtividade é toda ação que produz um retorno financeiro ao seu praticante e ou a outrem, podendo também dar um retorno emocional (prazer, satisfação).

Para que as inteligências se desenvolvam ou progridam há necessidade de dois procedimentos: o **Inicial** e o **Contínuo**.

O Desenvolvimento Inicial é o processo que dá à inteligência um estímulo inicial para que ela seja ativada no nosso cérebro.

Esse desenvolvimento, muitas vezes, não tem nada de afinidade com a respectiva inteligência a ser desenvolvida.

Antes da realização das práticas do Desenvolvimento Inicial das Inteligências, há necessidade da prática do Despertar das Inteligências.

A prática do Desenvolvimento Inicial de cada Inteligência deve ser realizada no mínimo por 30 minutos, num intervalo máximo de três dias de descanso.

Num mesmo dia podem ser praticados os Desenvolvimentos Iniciais de todas as Inteligências, bastando apenas respeitar o intervalo de cinco minutos entre as práticas.

Toda a prática para o Desenvolvimento Inicial das Inteligências deverá ser efetuada com a utilização da Observação e da Concentração. O corpo e a mente devem estar unidos na realização da atividade; pois sem essas duas ações perde-se o exercício realizado.

Observação é o ato de observar; ver detalhadamente o que se está fazendo ou vivenciando.

Concentração é o ato de concentrar-se, ou seja, estar com a mente e a atenção fixas naquilo que se está realizando e vivenciando.

É imprescindível o Desenvolvimento Inicial das Inteligências para o Desenvolvimento Contínuo. Sem esse primeiro passo, dificilmente ocorrerá o segundo da respectiva Inteligência.

O DESENVOLVIMENTO INICIAL DAS INTELIGÊNCIAS (D.I.I.)

1. **O Desenvolvimento Inicial da Inteligência Musical** se dá pelo manuseio com a terra, flores e vegetais em geral (plantar, podar, colher, cuidar, replantar, arranjar, enfeitar). Não há necessidade de manuseio de uma espécie em particular. Toda essa atividade realizada com flores, folhas, arbustos, caules, raízes, legumes, verduras, plantas diversas, formando arranjos ou o simples ato de regar e cuidar promove o estímulo dessa Inteligência, a qual estimula a nossa vontade de ouvir, cantar músicas e até de tocar instrumentos musicais.

2. **O Desenvolvimento Inicial da Inteligência Linguística** se dá pela prática da pintura. Essa atividade envolve a simples ação de pintar uma parede, um objeto, um ambiente, uma casa ou qualquer local em que se utilize um rolo de pintura, uma brocha ou um simples pincel. O processo de preparar a tinta, umedecer o utensílio de pintura e a ação de pintar, utilizando-se a concentração e observação no que se está fazendo, provoca os estímulos neurais para a manifestação dessa Inteligência, provocando em nós os estímulos iniciais para a leitura, a oratória e a escrita.

3. **O Desenvolvimento Inicial da Inteligência Lógico-Matemática** se dá pelo manuseio de jogos lúdicos e de entretenimento.

Os jogos podem ser infantis, juvenis ou adultos das mais variadas formas e opções, sendo que o de maior destaque para essa Inteligência é o quebra-cabeça. A montagem de um quebra-cabeça é interessantíssima para o desenvolvimento inicial do nosso raciocínio lógico e matemático.

4. **O Desenvolvimento Inicial da Inteligência Emocional** se dá pela prática disciplinada dos nossos cinco sentidos (visão, audição, paladar, tato e olfato). A visão deverá ser utilizada para observar paisagens agradáveis; locais bonitos; cores agradáveis e suaves; pessoas bonitas e cenas equilibradas. A audição deverá ser empregada na escuta de melodias suaves, clássicas e sons da própria natureza. O paladar deverá ser utilizado no ato de saborear alimentos saudáveis, vegetativos, frutíferos, coloridos e purificados (água). O tato deve ser exercitado com a prática esportista e ou trabalhos manuais (artesanato). O olfato deverá ser disciplinado com a aromatização, ou seja, inalação de chás (cidreira, camomila, hortelã, eucalipto, melissa). A disciplina dos sentidos provoca o estímulo dos nossos neurônios desta Inteligência, que envolvem a harmonia dos sentidos na atuação da nossa emoção.

5. **O Desenvolvimento Inicial da Inteligência Corporal** se dá pela prática dos exercícios de autotoque, autoadmiração e asseio pessoal, isto é, tocar o nosso próprio corpo, desde nossos cabelos até a ponta dos pés (o toque pode ser realizado por outra pessoa – massagem). Observar e gostar do nosso corpo, da nossa aparência, do nosso modo de vestir-nos e sempre verificar o que se pode fazer para que fiquemos melhores para nós mesmos; higienizar nosso corpo, procurando estar sempre cheirosos e limpos. Esses exercícios promovem o estímulo da nossa Inteligência Corporal.

6. **O Desenvolvimento Inicial da Inteligência Intuitiva** se dá pela prática de duas atividades. Uma diurna e outra no período

noturno. A atividade matutina envolve o exercício com a costura e o bordado. A ação de costurar e bordar promove a concentração e conduz à meditação (silêncio interior), estimulando a intuição. No período noturno, no horário de dormir, envolve a prática do relaxamento físico e mental, por meio da respiração e a vocalização das vogais I, E, O, U, A. Para essa atividade, inicialmente, deve-se imaginar um ambiente agradável. Respira pelas narinas profunda e calmamente e exala-se o ar pela boca vocalizando a vogal I (iiiiiiiiiiiiiiiiiiiii...) até a saída total do ar. Não há necessidade de ser em tom alto, (eeeeee)... Pode ser baixo. (uuuuu)... Outra vez, agora com a exalação da vogal A (aaaaaaaaaaaaa...). Novamente respira e exala a vogal Ó (óóóóóóóóóóóó...). Deverá ser feito por várias vezes até que sinta que o corpo esteja sereno e sinta vontade de dormir. No ato da inspiração, imaginar que o ar adentra inicialmente sua parte estomacal e enche os seus pulmões. Na expiração, fazendo o inverso, saindo dos pulmões (tórax) e indo para o estômago, mas vibrando, na área da laringe, a respectiva vogal. Esse trabalho diurno e noturno promove o estímulo da Intuição, tanto no aspecto da Dedução como da Indução, da nossa respectiva Inteligência Intuitiva.

7. **O Desenvolvimento Inicial da Inteligência Naturalística** se dá pela prática de exercícios com a água (banhos de mar, cachoeira, rios, lagos, piscina, natação, hidroginástica, sauna ou banhos na hidromassagem). O estimulador para essa inteligência é o contato constante com a água, num desses ambientes, devido a sua característica energizante e animadora e o hábito de ingerir água. Essa prática faz com que procuremos uma alimentação mais natural e saudável para o nosso corpo, estimulando a Inteligência Naturalística.

8. **O Desenvolvimento Inicial da Inteligência Espacial** se dá pela prática do exercício na solução de caça-palavras, palavras

COMO DESPERTAR E DESENVOLVER AS NOSSAS INTELIGÊNCIAS

cruzadas e localização (dos mais fáceis até os mais difíceis), os quais são encontrados em jornais e revistas próprias. Essa prática estimula os neurônios, com o passar do tempo sentiremos o domínio e controle do espaço em que estamos situados.

9. **O Desenvolvimento Inicial da Inteligência Artística ou Criativa** se dá pela prática da faxina, isto é, da execução da limpeza de um ou vários ambientes, detalhadamente, podendo também compreender o ato de lavar louças, desde que seja manualmente, não utilizando meios mecânicos da realização de tal exercício. A faxina propicia, além do esforço físico e mental, certa dosagem de observação, pois uma perfeita faxina exige observação aos detalhes dos locais a serem higienizados.

10. **O Desenvolvimento Inicial da Inteligência Metafísica** se dá pelo próprio compromisso do ser humano com o Ser sobrenatural ou espiritual, por meio de seu voto, promessa ou pedido a Ele. Voto é um juramento ou uma súplica solene com que o ser humano se obriga com Deus. Promessa é uma obrigação que ele tem que cumprir quando for atendida a sua solicitação. O Pedido é uma prece a Deus solicitando-Lhe algo. O Desenvolvimento desta inteligência é concretizado quando tal voto, pedido foi realizado e a promessa cumprida. A partir desse momento, crendo, iniciaremos o processo de desenvolvimento da nossa Inteligência Metafísica.

11. **O Desenvolvimento Inicial da Inteligência Hormonal** se dá pela prática da imposição da nossa mão direita sobre os nossos plexos com a imaginação das cores azul e verde. Os plexos são: Coronário (alto da cabeça); Frontal (na região da testa); Laríngeo (na área da garganta); Cardíaco (na área do coração, tórax); Gástrico (estômago); Umbilical (na área abaixo do umbigo); e Genital (na região das gônadas). A mão direita deve posicionar-se sobre

essa região e a mentalização inicialmente com a cor azul celeste e depois a verde. Começa-se da parte superior da cabeça até a genital. Há necessidade de esperar na região aplicada à luz mental, para mudar de região, ou por um período de três minutos. Depois que efetuar a cor azul passa-se para a verde. Esse exercício proporciona uma revitalização das áreas endócrinas e com isso há um estímulo para o equilibrado funcionamento dos hormônios, estimulando o corpo a um funcionamento normal e harmônico, dando início ao desenvolvimento da respectiva Inteligência. As cores azul e verde têm seus propósitos. A cor azul auxilia no equilíbrio das energias corporais e a verde ocasiona a revitalização das mesmas, renovando suas substâncias ou áreas atingidas.

12. **O Desenvolvimento da Inteligência Empreendedora** se dá pela prática de três atividades: Arrumar objetos; Jogo de cartas; e Condicionamento físico. Pelo exercício de arrumar os objetos, entende-se que pode ser desde peças de vestuário a objetos de uso particular (coleção e pertences em geral). Pela atividade de jogar cartas (baralho), o jogo que mais dinamiza a Inteligência Empreendedora é o jogo de Paciência, Buraco (Canastra) e o Pôquer. Referente ao Condicionamento Físico, é o ato e comportamento de exercitar o corpo físico, mantendo-o em forma. Essas atividades, realizadas constantemente, promovem os estímulos neuronais necessários para o desenvolvimento da referida Inteligência. A Inteligência Empreendedora, mesmo envolvendo uma atividade sedentária e estressante, é dinâmica e altamente potencial, exigindo muito do corpo, por isso tais atividades (práticas) promovem o seu Desenvolvimento Inicial.

13. **O Desenvolvimento Inicial da Inteligência Financeira** se dá por meio do impulsionamento do nosso amor-próprio, bem como da produção de nossa ambição, ocasionando a Vontade de querer sempre mais para nós, promovendo o desenvolvimento

inicial desta inteligência, a qual, mesmo ligada à Empreendedora, tem em si diferenças plausíveis. A Inteligência Financeira é algo que, se não é inato em nós, devemos ter paciência para desenvolver, pois o amor-próprio é algo bastante difícil e pouco divulgado nas culturas cristãs, haja vista que o grande Poder deseja que todos não tenham como administrar suas finanças, ou seja, gastem sempre. "Amar ao próximo como a si mesmo". "Quero que tenha vida em abundância". E essa Inteligência faz o ser humano trabalhar com os "5 Rs" (Repensar; Recusar; Reutilizar; Reciclar; e Reprogramar financeira e economicamente, ou seja, gastar somente o necessário e vital. Isso não quer dizer que nos tornaremos mesquinhos, egoístas e desumanos. Longe disso, pois seria uma loucura. O amor-próprio faz com que olhemos para nós primeiramente e depois para as outras pessoas ou objetos (autoconhecimento). Deveremos saber o que realmente somos, queremos e necessitamos e não nos deixarmos envolver nas imposições culturais, sociais e modistas capitalistas, que exigem que compremos, compremos e compremos, o que na Inteligência Financeira representa: gaste, gaste, gaste. Quem se ama é prudente. Pessoas avarentas e esbanjadoras vivem em desequilíbrio.

14. **O Desenvolvimento da Inteligência Pessoal** se dá pela prática da observação e da auto-observação. A Observação é o ato de olhar e ver os detalhes das pessoas, dos objetos e dos ambientes que estão ao nosso redor. Unido com a memória e o raciocínio, para que guardemos e analisemos a nossa objetividade. Olhar é o ato de colocar a visão sobre determinado obstáculo, independentemente de encontrar algo. Enxergar é colocar a visão sobre um objeto ou pessoa e encontrar algo interessante ou não. Ver é colocar a visão numa pessoa, objeto e ambiente e observar detalhes que foram despercebidos e não vistos no olhar ou no enxergar. Muitos enxergam e nada veem. A Auto-Observação é o ato de ver o nosso interior, por meio da análise, julgamento e dis-

ciplina. Análise é quando ao final do dia revivemos mentalmente tudo o que nos ocorreu e verificamos nossa atitude e nosso comportamento daquele dia. O julgamento é quando, por meio dessa análise, condenamos ou absolvemos tais atos, e a Disciplina é a procura de não mais cometermos *ações que julg*amos incorretas e improcedentes, observando nossos pensamentos, emoções, instintos, vontades e ações, tentando nos autodisciplinar.

Características gerais

O Desenvolvimento Inicial é apenas o segundo passo ao Desenvolvimento das Inteligências. Uma vez realizado tal passo, chega a vez do Desenvolvimento Contínuo, ou seja, algo mais especificado para cada tipo de Inteligência, pois elas estão neste momento solicitando uma atenção especial, específica e direcionada de cada habilidade.

Quando as nossas inteligências forem inatas, isto é, já estão despertas e desenvolvidas inicialmente em nosso interior (geneticamente), podemos passar para o segundo passo, imediatamente, sem necessitarmos o Despertar, bem como o Desenvolvimento Inicial.

O Desenvolvimento Contínuo das Inteligências (D.C.I.) são atividades relacionadas especificamente ao assunto da referida inteligência (cursos, palestras, seminários, mesa-redonda, simpósios, congressos, conferências, oficinas e visitas), ou seja, estudos que fazem com que as Inteligências possam desenvolver as habilidades dos seres humanos, conforme as suas necessidades, interesses e predisposições.

O D.C.I. se inicia a partir do momento em que, após trabalharmos as duas primeiras etapas (despertar e desenvolvimento inicial), sentirmos Vontade e Coragem para aprofundar as nossas habilidades nas respectivas inteligências. Isso ocorre devido a nossa necessidade interna de crescimento.

Se não sentirmos vontade e coragem de aprofundar nossos conhecimentos (habilidades) nas respectivas inteligências, isso demonstra que nossa inteligência ainda deve ser desenvolvida nos processos Iniciais.

O Desenvolvimento Contínuo não tem período de término. Ele é contínuo.

"Confia no Senhor de todo o teu coração, e não te estribes no teu próprio entendimento. Reconhece-o em todos os teus caminhos, e ele endireitará as tuas veredas" (Prov. 3:5-6).

O DESENVOLVIMENTO CONTÍNUO DAS INTELIGÊNCIAS (D.C.I.)

1. O Desenvolvimento Contínuo da Inteligência Linguística se dá pela participação em cursos, seminários, palestras, relacionados à linguística, letras, redação, leitura, oratória, gramáticas e similares.

2. O Desenvolvimento Contínuo da Inteligência Musical se dá pela participação em cursos, seminários, palestras, mesas-redondas, simpósios, congressos, conferências, oficinas, visitas relacionadas à música, canto, composição musical, fonoaudiologia, prática de instrumentos musicais e similares.

3. O Desenvolvimento Contínuo da Inteligência Lógico-Matemática se dá pela participação em cursos, seminários, palestras relacionadas às áreas de exatas, lógica, estatística, filosofia, cálculos, gerenciamento de crises e similares.

4. O Desenvolvimento Contínuo da Inteligência Emocional se dá pela participação em cursos, seminários, palestras, mesas-redondas, simpósios, congressos, conferências, oficinas, visitas sobre Diplomacia, Política e a prática da IOGA.

5. O Desenvolvimento Contínuo da Inteligência Corporal se dá pelas práticas físicas, como dança, esportes, artes dramáticas e similares.

6. O Desenvolvimento Contínuo da Inteligência Intuitiva se dá pela participação em cursos, palestras, seminários, mesas-redondas, simpósios, congressos, conferências, oficinas, visitas, que envolvam as áreas de psicologia, psiquiatria, jornalismo, vendas, técnicas de persuasão, administração de pessoal e similares.

7. O Desenvolvimento Contínuo da Inteligência Naturalística se dá pelas práticas da autodisciplina alimentar (reeducação alimentar), exercícios físicos, sono e sexo regulares, lazer (*hobby*) e visitas regulares ao dentista e ao médico (*bio-check-up*).

8. O Desenvolvimento Contínuo de a Inteligência Espacial se dá pela participação em cursos, seminários, palestras, mesas-redondas, simpósios, congressos, conferências, oficinas e visitas sobre engenharia civil, construção, decoração, arquitetura, urbanismo, desenho técnico, engenharia ambiental e similares.

9. O Desenvolvimento Contínuo da Inteligência Artística se dá pela participação em cursos, palestras, seminários, mesas-redondas, simpósios, congressos, conferências, oficinas e visitas nas áreas de artes, floricultura, decoração, costura (estilista), gastronomia e similares.

10. O Desenvolvimento Contínuo da Inteligência Metafísica se dá pela prática da Fé, por meio das leituras bíblicas e afins; oração, jejum, presença em reuniões religiosas ou de caráter religioso-filosófico e similares.

11. O Desenvolvimento Contínuo da Inteligência Hormonal se dá pelo autocontrole do açúcar, do sal e gorduras. Manutenção ideal do peso e altura, exercícios físicos e visita ao médico (endocrinologista) regularmente.

12. O Desenvolvimento Contínuo da Inteligência Empreendedora se dá pela participação em cursos, palestras, seminários, mesas-redondas, simpósios, congressos, conferências, oficinas e visitas, referente às áreas de administração, secretariado, organização, comércio, empreendedorismo, gerenciamento e similares.

13. O Desenvolvimento Contínuo da Inteligência Financeira se dá pela participação em cursos, palestras, seminários, mesas-redondas, simpósios, congressos, conferências, oficinas e visitas, que envolvam as áreas de economia, contabilidade, administração financeira, gerenciamento de crises, investimentos e similares.

14. O Desenvolvimento Contínuo da Inteligência Pessoal se dá pela participação em cursos, palestras, seminários de filosofia, psicologia, psiquiatria, sociologia, antropologia e similares.

Aspectos gerais

Quanto ao termo "similar", ele corresponde a tudo o que envolve a referida atividade proposta para o desenvolvimento da inteligência referenciada.

O Despertar e os Desenvolvimentos (Inicial e Contínuo) das Inteligências promovem vários Benefícios, por meio dos Valores Sociais, que são despertados.

> *"Quando ele chegou à idade de doze anos, foram eles para Jerusalém, segundo o costume da festa. Passados aqueles dias, ao regressarem, o menino Jesus ficou em Jerusalém, sem os seus pais se aper-*

ceberem disso. Depois de três dias, encontraram-no no templo, sentado no meio dos doutores, ouvindo-os e interrogando-os. Todos os que os ouviam ficavam admirados da sua inteligência e das suas respostas. E Jesus crescia em sabedoria, estatura e graça, diante de Deus e dos homens" (Lc: 2, 42.46-47.52).

OS BENEFÍCIOS DO DESENVOLVIMENTO DAS INTELIGÊNCIAS

Os Benefícios do despertar, desenvolvimento inicial e contínuo das inteligências são diversos, conforme cada uma delas.

Como o sofrimento do ser humano está na sua ignorância (falta de intelectualidade) e na sua imbecilidade (falta de inteligência) ou em problemas cognitivos (deficiência), o sucesso está relacionado com a sua competência e potência, que são adquiridas pelo desenvolvimento das suas Inteligências, as quais promovem o despertar dos seus Valores Sociais.

Valores Sociais são todas as ações que têm uma grande importância para a sociedade, bem como ao próprio ser humano, ao seu semelhante e ao ambiente em que se socializa. Eles podem ser abstratos ou concretos.

1. **O Benefício do Desenvolvimento da Inteligência Linguística** é o despertar do valor referente à **Educação**, que engloba o modo do ser humano pensar, sentir, falar e agir diante de si, de outras pessoas e do ambiente de maneira harmônica e sadia, tornando-o educado (Prov: 23, 23).

2. **O Benefício do Desenvolvimento da Inteligência Musical** é o despertar do valor referente à **Profissão** (o profissionalismo). O Profissionalismo é o ato de saber valorizar a profissão que se exerce, envolvendo os cuidados pela

sua manutenção e progresso constante em busca do aprimoramento e novas descobertas para sua autorrealização como profissional e da sociedade como um todo (At: 20, 34-35).

3. **O Benefício do Desenvolvimento da Inteligência Espacial** é o despertar do valor referente à **Responsabilidade**. Responsabilidade é o ato de assumir as consequências, as culpas ou os dolos de alguma ação e ou um compromisso previamente assumido. O ser humano responsável demonstra inteligência por desejar o bem próprio em comunhão ao social e ao ambiental (Êx: 15, 26).

4. **O Benefício do Desenvolvimento da Inteligência Emocional** é o despertar do valor da **Ponderação**. Ser ponderado ou prudente é a procura do bom relacionamento social e ambiental para promover a harmonia coletiva (Lc: 14, 28-32).

5. **O Benefício do Desenvolvimento da Inteligência Corporal** é o despertar do valor à **Vida**. Tanto no seu aspecto humano, animal, vegetal e ambiental. A vida, independentemente de quem se trate, deve ser valorizada e protegida (Jo: 11, 25).

6. **O Benefício do Desenvolvimento da Inteligência Intuitiva** é o despertar do valor referente à **Sabedoria** (Sab: 1, 6).

7. **O Benefício do Desenvolvimento da Inteligência Naturalística** é o despertar do valor da **Fortaleza** (Flp: 4, 13).

8. **O Benefício do Desenvolvimento da Inteligência Lógico--Matemática** é o despertar do valor da **Ética**. Ética são o ato e o comportamento do ser humano em ser o que ele é, em prol de si, do próximo e do ambiente em que vive, ao mesmo tempo (Jer: 31, 23).

9. **O Benefício do Desenvolvimento da Inteligência Artística** é o despertar do valor do **Amor** (a Amorização). O amor,

para este trabalho, é uma forte inclinação sentimental a outra pessoa ou a si mesmo, que pode ser vista como um ato de perdão, compaixão, misericórdia, bondade, piedade, auxílio-mútuo, humildade, aceitação, perseverança, força e vontade, tudo a depender da sua utilização e necessidade, pois o ser humano que tem o amor despertado em si carrega todas essas variáveis (Prov: 25, 21-22).

10. **O Benefício do Desenvolvimento da Inteligência Metafísica** é o despertar do valor do **Temor a Deus**. O Temor a Deus não é propriamente o medo Dele, mas sim saber que Ele tudo vê e sabe. E nada está fora de seu Alcance e Poder (Prov: 8, 13).

11. **O Benefício do Desenvolvimento da Inteligência Hormonal** é o despertar da **Empatia** (Rom: 10, 12).

12. **O Benefício do Desenvolvimento da Inteligência Empreendedora** é o despertar da **Vontade** (Jo: 5, 30).

13. **O Benefício do Desenvolvimento da Inteligência Financeira** é o despertar do valor da **Prosperidade e Abundância**. Esse valor envolve não só o dinheiro, mas os títulos, as heranças, os investimentos, os bens móveis e os imóveis. Não se deve confundir valorização com apego. Valorização é dar importância que o capital requer, e a sua prosperidade e equiparidade a todos. O Apego é um defeito psicológico, que provém da ganância (loucura) (Gên: 24, 35).

14. **O Benefício do Desenvolvimento da Inteligência Pessoal** é o despertar do valor da **Coragem** (Dt: 31, 6).

Os valores são aflorados por meio do desenvolvimento das inteligências. Sem esse desenvolvimento, o valor permanece no seu estado teórico; sendo que o seu desenvolvimento parcial promove lampejos desse mesmo valor, que acaba atuando aqui ou ali, mas não de forma definitiva e integral.

Somente com o desenvolvimento contínuo das inteligências, ocorre a manifestação dos valores, os quais não podem ser considerados "dons" divinos ou "genética", herdados ou derivados de uma boa educação ou "exemplo", mas despertados por meio do exercício e práticas determinadas pelas Inteligências (Dt: 7, 14).

Quanto aos Valores, não se deve confundir a ação profissional com a prática do Desenvolvimento Contínuo das Inteligências, aqui, em algumas célebres profissões mencionadas. Há profissionais dos referidos ramos expostos que não possuem os Valores correspondentes a sua atividade ou produtividade. Isso ocorre porque esses mesmos profissionais não praticam essas profissões com Concentração e Observação (necessidades essenciais para o Despertar e Desenvolvimento das Inteligências), e sim pelo simples ato de fazer (processo mecânico). Logo, não são beneficiados pelos resultados dos mesmos, isto é, o Despertar dos Valores Internos Humanos.

O Desenvolvimento das Inteligências tem um caráter importantíssimo para a nossa vida social.

O despertar e o desenvolvimento das inteligências devem ser feitos constantemente e quanto mais cedo se iniciar, mais habilidades e valores haverá com o passar do tempo.

O tempo em si não evolui ninguém; o que faz a evolução é trabalhar com o tempo, bem como conviver com pessoas inteligentes não fará de nós pessoas inteligentes, mas aprender com as pessoas inteligentes, despertando em nós as nossas inteligências.

Há tempo para todas as coisas! "Tudo tem o seu tempo determinado, e há tempo para todo o propósito debaixo do céu" **(Ecl: 3,1).**

OS MALEFÍCIOS DO NÃO DESENVOLVIMENTO DAS INTELIGÊNCIAS

Os malefícios do não desenvolvimento das Inteligências propiciam o empobrecimento do ser humano, isto é, o desenvolvimento da sua ignorância e da sua imbecilidade, mantendo-o como um animal intelectual (*homem demente*), e não um ser evoluído (assistir ao filme: *Idiocracia*)[3].

Os malefícios comprometem a vida do ser humano, deixando-o numa situação de não poder resolver pequenos problemas de sua existência material (reprodução, alimentação e proteção), psicológica (emoções e pensamentos) e espiritual (entendimento).

Se os valores são os benefícios, os defeitos são os malefícios do não desenvolvimento das Inteligências:

1. **O malefício da ausência do desenvolvimento da Inteligência Linguística** é o surgimento do defeito referente à **IGNORÂNCIA** (desconhecimento, brutalidade, estupidez, grosseria e similares) (1 Pdr: 1, 14).

2. **O malefício da ausência do desenvolvimento da Inteligência Musical** é o surgimento do defeito referente à **DISPLICÊNCIA** (amadorismo, ausência de espírito de corpo, falta de profissionalismo e similares) (Prov: 29, 17).

---

[3] Disponível em: https://www.youtube.com/watch?v=WbGjJ14mxcU. Acesso em: 14 jul. 2022.

3. **O malefício da ausência do desenvolvimento da Inteligência Lógico-Matemática** é o surgimento do defeito referente à **CORRUPÇÃO** (criminoso, falta de juízo, desonestidade e similares) (Is: 1, 21.23; 5,7).

4. **O malefício da ausência da Inteligência Espacial** é o surgimento do defeito referente à **IRRESPONSABILIDADE** (dolo, culpa, omissão, desrespeito de limites e similares) (1 Pdr: 3, 13-15).

5. **O malefício da ausência do desenvolvimento da Inteligência Emocional** é o surgimento do defeito referente à **DESESTABILIDADE EMOCIONAL** (Compulsividade, Impulsividade, abalo emocional, extremismo e similares) (Tg: 1, 19-20).

6. **O malefício da ausência do desenvolvimento da Inteligência Intuitiva** é o surgimento do defeito referente à **DISCRIMINAÇÃO** (Falta de etiqueta, preconceitos, prejulgamentos e similares) (Mt: 7, 1-12).

7. **O malefício da ausência do desenvolvimento da inteligência Pessoal** é o surgimento do defeito referente à **MENTIRA** (falsidade, engano e similares) (Tg: 3, 1-6).

8. **O malefício da ausência do desenvolvimento da Inteligência Artística** é o surgimento do defeito do **ÓDIO** (maldade, perversidade e similares) (Tit: 3, 3).

9. **O malefício da ausência do desenvolvimento da Inteligência Financeira** é o surgimento do defeito da **INSTABILIDADE FINANCEIRA** (avareza, esbanjamento, apego e desapego material e similares) (Prov: 6, 9-11).

10. **O malefício da ausência do desenvolvimento da Inteligência Hormonal** é o surgimento do defeito referente à **LOUCURA SOCIAL** (aético, imoral, sociopata, problemas no convívio social e similar) (Prov: 1, 7).

11. **O malefício da ausência do desenvolvimento da Inteligência Naturalística** é o surgimento do defeito referente aos **MALES FÍSICOS E/OU PSICOLÓGICOS** (Eclo: 31, 20).

12. **O malefício da ausência do desenvolvimento da Inteligência Metafísica é o** surgimento do defeito referente à **DESCRENÇA** (ateísmo, pessimismo, desrespeito às religiões, fanatismo e similares) (Apoc: 21, 8).

13. **O malefício da ausência do desenvolvimento da Inteligência Corporal** é o surgimento do defeito referente à **INDIFERENÇA** (desvalorização da vida, desamor, descompromisso social e similares) (2 Tim: 3, 1-5).

14. **O malefício da ausência do desenvolvimento da Inteligência Empreendedora** é o surgimento do defeito referente à **ACOMODAÇÃO** (preguiça, desânimo, aceitação e similares) (Is: 5, 7. 23).

O despertar e o desenvolvimento das Inteligências dependem de cada ser humano, o qual poderá promovê-lo ou não, sabendo-se que cada qual promoverá um benefício ou malefício as suas vidas, dependendo do caminho que percorrer.

Para o desenvolvimento das suas Inteligências, além dos exercícios externos (práticas), há necessidade de realizar um trabalho interno: a Alimentação.

Não ames o sono, para que não empobreças; abre os teus olhos, e te fartarás de pão (*Prov: 20,13*).

ALIMENTAÇÃO

Alimentação é diferente de comer. Alimentar-se é ingerir os alimentos necessários para uma vida saudável. Comer é saciar a fome.

O tipo de alimento ingerido, para o despertar e desenvolvimento das inteligências, é fundamental para a vivência sadia, no aspecto material, psicológico e espiritual da existência humana, principalmente nos primeiros anos de vida (de zero a seis).

"Alimento é tudo o que podemos comer ou beber e que é indispensável para manter a vida, o crescimento, a reprodução e a saúde" **(REVISTA PRAZER DE ESTAR BEM, 2005, p. 1)**.

Uma alimentação saudável, balanceada e natural (no possível) auxilia em muito o bom e inteligente funcionamento do cérebro. Logo, das células neurais.

Os alimentos auxiliares no desenvolvimento das inteligências podem ser: cereais, pães, macarrão, arroz, milho, tubérculos e raízes; hortaliças e frutas; depois, leite e produtos lácteos; carnes e ovos; leguminosas (feijão, soja, lentilha); e, por último, açúcares, doces e gorduras.

A água potável deve ser ingerida no mínimo três litros por dia, em média.

Alguns alimentos auxiliam em muito a atividade cerebral: leite materno para os recém-nascidos. Maçã, nozes, brócolis e alimentos da cor amarela, para crianças e adultos.

A coloração vermelha quer dizer que aquele alimento tem licopeno, uma substância antioxidante que combate o envelhecimento e protege o coração. Além disso, essa cor possui vitaminas A e C, complexo B, potássio e cálcio.

A coloração verde é devida à clorofila, que tem como benefícios a proteção do cabelo e da pele, além da desintoxicação das células e até combate a substâncias cancerígenas.

A coloração branca tem alimentos que são ricos em cálcio e potássio, nutrientes fundamentais para o bom funcionamento dos ossos, além de evitar o cansaço e as dores musculares. Você pode variar entre arroz, batata, cebola, alho, banana, couve-flor, gergelim, leite e seus derivados.

A coloração marrom está nas leguminosas, castanhas e nozes, todas ricas em selênio, vitamina E e complexo B, além de, claro, serem fontes de fibras incríveis.

A alimentação de cor amarela tem uma grande fonte de vitamina C, ajuda a prevenir resfriados e aumenta a imunidade. Você pode encontrar esses nutrientes no maracujá, melão, abacaxi e outros, sempre com a polpa amarela.

Esta aqui dá para confundir bastante com o amarelo, mas a coloração laranja também é rica em betacaroteno. Você pode encontrar tudo isso no damasco, na abóbora, no mamão e na manga. Não se esqueça de levar algum deles na bolsa quando for pegar aquele bronzeado na praia, vai que dá uma ajudinha.

A alimentação equilibrada e sadia e a prática do despertar e desenvolvimento das Inteligências propiciam o enfrentamento das suas Vidas (material, psicológica e espiritual) na resolução dos problemas que delas são oriundos (Ef: 6, 11).

A vida é a grande oportunidade de resolvermos problemas. Tudo tem solução, a partir do momento em que se está vivo e higienizado.

> *"Meu filho, no teu sustento prova-te a ti mesmo e vê o que é nocivo e não to concedas; porque nem tudo é útil para todos e nem toda pessoa se compraz em qualquer alimento. Não sejas ávido de toda a delícia, nem te precipites sobre toda a iguaria"* (Eclo: 37, 27-29).

HIGIENE PARA UMA INTELIGÊNCIA SAUDÁVEL

A Higiene é a busca natural do ser humano pelo seu bem-estar físico, mental e ambiental. Ela trabalha com os diversos meios de conservar e promover a saúde.

Coração puro → Pensamento equilibrado → Ações conscientes.

O coração puro designa um ser humano ético e estético.

O pensamento equilibrado destaca-se pela ausência de preconceito e discriminação.

As ações conscientes se remetem a uma vida em harmonia.

A Higiene tem na Bíblia não apenas um sentido simbólico e externo, mas principalmente um sentido interno ou espiritual, constituindo uma defesa contra o paganismo e o pecado. Não se trata, porém, de pureza ou impureza moral ou ética, mas sim ritual. Deus é a santidade e a pureza por excelência, exigindo, portanto, uma semelhança e aparência por parte das suas criaturas.

A Higiene na inteligência promove a pureza, a harmonia e a saúde da ação; logo, do pensamento e ao coração do ser humano. Ela está relacionada a tudo o que falamos, sentimos, pensamos e agimos. Deve ser praticada na nossa Atitude e no nosso Comportamento, cuja influência está no nosso mental e emocional; na nossa aparência e fisionomia; e nos Ambientes que frequentamos. Tem por objetivo não somente a limpeza das palavras pronunciadas, mas também na higienização do pensar, agir, reagir, sentir, e da proteção contra as palavras recebidas.

A Segunda Carta de Paulo aos Coríntios (7, 1) nos orienta:

"Ora, amados, visto que temos tais promessas, purifiquemo-nos de toda impureza tanto da carne, como do espírito, aperfeiçoando a nossa santificação no temor de Deus."

Atitude

A Atitude, segundo a Higiene na Inteligência, é a forma abstrata que envolve a <u>mente</u> (pensamentos, reflexões, análises, observações, deduções...) e o <u>sentimento</u> (emoções em geral) de uma maneira íntima no ser humano.

"Finalmente, irmãos, tudo o que é verdadeiro, tudo o que é honesto, tudo o que é justo, tudo o que é puro, tudo o que é amável, tudo o que granjeia bom nome, tudo o que é virtuoso, tudo o que é digno de louvor, seja o objeto dos vossos pensamentos" (Fp: 4, 8).

A Atitude está apoiada em sete grandes colunas: Palavra; Fé; Sabedoria; Sexo; Força Psíquica; Memória; e Potência.

Palavra

"O espírito é que vivifica, a carne para nada serve. As palavras que eu vos disse são espírito e vida" (Jo: 6, 63).

A Palavra é o sopro da vida. Por ela, nós nascemos e vivemos. Ela propicia a nossa comunicação e socialização, a qual é poderosíssima, pois pode levar-nos ao céu ou conduzir-nos ao inferno.

Cada ser humano se alimenta daquilo que sua língua produz; logo, materializa-se aquilo que se fala. A morte e a vida estão envoltas à fala; qual o uso que dela fizer tal o pagamento realizar-se-á (Prov: 18, 20-21).

Pagar por aquilo que se fala não condiz somente à punição, mas sim à realização daquilo que foi falado, principalmente quando negamos. O que nós falamos concretiza-se (ALABARCE, 2019, p. 10).

A negação tem um poder realizador. Quando iniciamos nossa fala com um NÃO, para o universo, confirmamos um positivismo sobre o que falamos. Exemplo: Não farei isso! Nunca farei isso ou aquilo! Realmente falamos para o universo: Farei isso ou aquilo! O NÃO é subtraído da fala.

A Palavra, referente à Higiene na Inteligência, é construída de ações que envolvem: a Leitura; a Oratória Pacífica; a Interiorização; a Ingestão; a Prudência; a Vigilância; o Conselho e a Amorização.

Leitura

A prática da Leitura é um hábito; logo, uma atitude higiênica. Esse costume torna-nos capazes de entender, compreender e interpretar inúmeras coisas e situações que ocorrem em nossa vida.

A Leitura alimenta a mente, principalmente se for pacífica, construtiva e vitalizadora em seus ensinamentos.

Obras Pacíficas são aquelas que não transmitem ao leitor a violência, o uso de drogas e desequilíbrios sexuais; Obras Construtivas são aquelas que conseguem despertar a criatividade no leitor; e Obras Vitalizadoras são aquelas que transmitem confiança, paz, sucesso, vitalidade aos seus leitores.

Inicialmente a Leitura é algo cansativo e poderá até ser enjoativo, conforme o assunto lido. Por isso deve ser realizada pausadamente ou em grupos, para que assim se possa conseguir habituar-se a ela.

A Leitura produz dois grandes resultados: o conhecimento intelectual e o alimento espiritual. O primeiro resulta na oportunidade de um bom relacionamento social e profissional; o segundo, na compreensão, esclarecimentos e auxílio na condução para uma vida mais harmônica. Ela, como parte da Higiene nas Inteligências, nos conforta, purifica e fortalece o nosso pensamento e sentimento.

"Então o Senhor me respondeu: Escreve a visão, e torna-a bem legível sobre tábuas, para que aquele que a ler, corra com ela" (Hc: 2, 2).

Oratória Pacífica

A Oratória Pacífica busca trabalhar a fala (palavra) no aspecto da transmissão da paz e da harmonia. Busca lutar contra tudo que seja falado e transmitido de maneira desequilibrada ou que cause desequilíbrio a quem a receba.

Falar é fácil. Difícil é falar algo que construa alguma coisa. Atualmente fala-se muito e pouco se diz.

Como diz o adágio popular: "Até papagaio fala!".

Para que encontremos na oratória a paz e o equilíbrio é necessário fugirmos dos erros causados pela nossa falta de auto-observação no exato momento que estamos orando para nós ou para alguém.

"A língua dos sábios torna a doutrina estável, e a boca dos néscios vomita tolices" (Prov: 15, 2).

Para termos uma auto-observação devemos iniciar com o recebimento da informação, independentemente do sentido com o qual a captamos (visão, audição, olfato, tato e gustação). Após o recebimento da informação, que pode vir equilibrada ou desequilibrada, devemos refletir sobre a mesma, no objetivo de não deixar que a reação (resposta) surja, em nós, rapidamente. Somente devemos responder a "provocação", após análise com o pensamento preparado no aspecto de sabermos argumentar adequadamente e de forma equilibrada, para que não seja prejudicada a nossa Oratória Pacífica.

Devemos sempre procurar o autocontrole e a harmonia, mesmo quando somos ultrajados por palavras ofensivas e desonrosas. E nunca devemos nos colocar no mesmo patamar que a pessoa que nos ofende.

Numa discussão, somente iremos nos manifestar se acaso formos acionados ou indicados na mesma. Em hipótese alguma deveremos responder uma pergunta sem que alguém nos solicite. Mesmo que a ânsia da nossa manifestação numa discussão seja muito forte, devido ao instinto animal que é presente em nosso interior (Macaco Orador, Papagaio Tagarela e Burro falante). Mas, mesmo assim, nunca deveremos revidar a injusta agressão verbal; e sim tentar permanecer serenos a ela. O silêncio é um grande aliado nestes momentos perturbadores.

"... Há hora para falar e para se calar" (Ecl: 3, 7).

Nós temos dois ouvidos e devemos usá-los, ou seja, a informação entra por um lado e sai pelo outro. Em determinados casos, com essa atitude, evitaremos sofrimentos desnecessários.

Nos variados momentos de perturbação e cólera, a língua pronuncia palavras que, na verdade, não dizem nada. São apenas explosões linguísticas desequilibradas. Todos nós temos uma essência pura em nosso interior (espiritual); portanto, ao recompor-nos de nossas impensadas atitudes, retiraremos tudo aquilo que foi transmitido pela nossa língua, por meio do remorso ou frustração íntima, que atingirá nossas consciências; mas infelizmente as sequelas das nossas falas ficarão.

O que é dito sempre ecoa por um determinado tempo.

Nós, como seres sociais, deveremos falar o menos possível e somente o que é principal e necessário. Não precisamente sermos fanáticos ou imbecis, pois uma boa conversa é algo saudável, mas o excesso é prejudicial ao nosso equilíbrio.

Ao orarmos a Deus, deveremos solicitar-Lhe que discipline e doutrine a nossa língua, para que as nossas palavras sejam construtivas, pois o que falamos vem do nosso pensamento e realiza-se, prejudicando o despertar e o desenvolvimento de nossas inteligências.

"Ponde, Senhor, uma guarda a minha boca, defendei a porta dos meus lábios" (Sl: 141, 3).

Interiorização

A Interiorização é a parte da Atitude que tem por objetivo da Higiene nas Inteligências a prática da auto-observação, autoanálise e autocontrole.

A Auto-Observação é o ato em que nós nos observamos. Observar nossos pensamentos, sentimentos, desejos, vontades, ansiedades, frustrações, alegrias, tristezas, emoções, medos, saudades, sonhos, e tudo aquilo que envolve nossos campos vibratórios: mental, emocional, intuitivo, motor e sexual.

O Campo Mental envolve toda a área do cérebro: as vontades. O Campo Emocional envolve toda a área peitoral e coluna superior: os sentimentos. O Campo Intuitivo envolve toda a área estomacal e coluna inferior: as ansiedades, as intuições. O Campo Motor envolve os membros superiores e inferiores: a ação, a força. O Campo Sexual envolve as regiões genitais: os impulsos, a energia vital.

A Auto-Observação auxilia no nosso autodescobrimento, isto é, conseguimos saber quem somos, o que gostamos, sentimos, devemos fazer, o porquê e equilibrar as nossas ações e reações. Ela é bastante simples de ser realizada, basta somente a nossa vontade. Para realizá-la há necessidade de estarmos atentos aos nossos campos vibratórios. Quando surgir um pensamento, um sentimento, uma sensação qualquer devemos estudá-lo (senti-lo e verificar em que campo ele vibra mais forte) e nos questionar: "O que é isso? Por que isso está perturbando-nos?".

Independentemente se encontrarmos ou não a resposta, se aquele objeto de estudo ainda continuar a manifestar-se, deveremos invocar o poder de Deus, para transformar esse defeito psicológico numa virtude, para que não nos prejudique mais. Para tal, façamos a oração:

> "Pai, em nome de Nosso Senhor Jesus Cristo, transforme este defeito psicológico em uma virtude e dá-me compreensão".

Qualquer tipo de pensamento, sentimento, emoção ou vibração energética instável que adentra no nosso corpo e manifesta-se nele provoca ações, as quais podem ser prejudiciais; lembremo-nos que os defeitos psicológicos têm por objetivo roubar, matar e destruir o ser humano em que habitam.

Quando invocamos o poder do criador, combatemos tais defeitos que, se forem danosos, não nos prejudicarão.

A palavra "Pai" pode, conforme a fé do ser humano, ser substituída por Deus, Mãe, Nossa Senhora. O importante é a utilização do Verbo Divino (Jesus Cristo).

> *"Falou Jesus a seus discípulos: 'Em verdade, em verdade vos digo: quanto pedirdes ao Pai, ele vô-lo dará em meu nome. Até agora nada pedistes em meu nome: pedi e recebereis, para que a vossa alegria seja plena'"* (Jo: 16, 23-24; 14, 12-14).

Além de solicitar que seja transformado tal defeito psicológico numa virtude, é necessária a petição da compreensão, para que possamos aos poucos compreender o que nos ocorre e descobrir a origem do referido defeito.

O referido pedido deve ser executado de maneira imperativa e no presente momento em que o defeito está manifestando-se. Devemos observar onde ele está agindo (campos) e falar energicamente a referida oração com convicção (Fé).

Devido à falta de exercícios e pelo grande poderio do defeito psicológico, inicialmente poderemos não sentir os efeitos, mas com a prática constante notaremos uma mudança.

É o bom combate! A guerra do bem contra o mal. É a verdadeira guerra santa.

Paulo, em sua primeira carta aos Coríntios (9, 25-27), nos orienta:

> *"Todo aquele que luta, em tudo se domina. Ele para alcançar uma coroa corruptível, nós, porém, a incorruptível. Portanto, corro, não como indeciso, combato, não como batendo no ar. Antes subjugo o meu corpo, e o reduzo à servidão, para que, pregando aos outros, eu mesmo não venha de alguma maneira a ficar reprovado".*

A pessoa praticante da Higiene nas Inteligências, após a realização constante da Auto-Observação, deverá passar para a Autoanálise, a qual deverá ser feita no momento em que ela estiver deitada (ao dormir) ou quando estiver tranquila.

A Autoanálise é o procedimento de refletirmos sobre os nossos pensamentos e emoções que nos afligiram com maior intensidade durante o dia. Se acaso nos sentirmos atacados por qualquer defeito psicológico, nesse momento de autoanálise deveremos providenciar a sua transformação, por meio da invocação ao Pai.

Refletir é a atividade de se pensar sobre o ocorrido e tentar descobrir ou compreender por que aquilo aconteceu. Quando não conseguirmos ter essa compreensão, devemos pedi-la a Deus, para que Ele no-la dê.

Quantos livros de autoajuda nós já lemos? Indaguemo-nos a respeito. E quantos desses livros continham em si informações que de alguma maneira poderiam mudar a nossa vida para melhor?

O que ocorre é o seguinte:

Se quando estamos de posse de um livro, numa ansiedade terrível, o lemos e tentamos absorver o máximo de informações possíveis e acabamos por nos encantar pelo que interpretamos e compreendemos, ao final da leitura não ocorre o principal objetivo de uma boa obra: a prática. Sem ela, tudo que foi, por nós, lido, absorvido não valeu para nada, e com o passar do tempo esse conteúdo vai para o nosso inconsciente e permanecerá inativo por lá. Identificando-se com a parábola do semeador, dita por nosso Senhor Jesus Cristo (Mt: 13, 1-23; Mc: 4, 1-9; e Lc: 8, 4-15).

Após a realização da Autoanálise, deveremos passar para o Relaxamento, a Concentração e a Meditação.

Para termos um dia sob uma vigilância e proteção devemos trabalhar com o autocontrole.

O Autocontrole é o trabalho mais difícil, mas não impossível na Palavra. Sua utilização é importantíssima para a manutenção da Higiene nas Inteligências, pois surgem a todo instante situações que exigem a sua manifestação. Ele é a parte da Atitude na Palavra que nos possibilita mantermo-nos equilibrados ante as "provocações" internas e externas que possamos receber.

Devemos calar-nos quando atacados por palavras ofensivas; aquietar-nos na hora que somos agredidos verbalmente; ficarmos serenos quando são nos imputadas calúnias, injúrias, difamações, fofocas e humilhações; equilibrar-nos quando todos ao nosso redor estiverem apavorados ou desesperados; ficarmos esperançosos, quando tudo ao nosso redor parecer estar desmoronando; fortalecer-nos, quando tudo ao nosso redor parecer estar a desmoronar-se e quando necessitar lutarmos e recomeçarmos do "zero". Todas essas características são do trabalho com o Autocontrole.

O Autocontrole é bastante eficaz para a Higiene na Inteligência, principalmente se ele for acompanhado da Auto-Observação e da Autoanálise constantemente.

Não se consegue o Autocontrole do dia para a noite. Há necessidade de muita prática da Auto-Observação, Autoanálise, do Relaxamento, da Concentração e da Meditação.

Mas existe outra prática bastante interessante para auxiliar-nos, principalmente quando estivermos sob o ataque de palavras vindas de outras pessoas. Se não tivermos como evadirmos do ambiente contaminado, deveremos colocar a palma da nossa mão direita em cima do nosso umbigo (poderemos fazê-lo, colocando a nossa mão sobre a roupa). Após isso, imaginaremos um ambiente agradável (pode ser outro local). Respiraremos pelas narinas profundamente e calmamente exalaremos o ar pela boca vocalizando a vogal I (iiiiiiiiiiiiiiiiiiiii...) até a saída total do ar. Não há necessidade de ser em tom alto, pode ser baixo. Outra vez, agora com a exalação da vogal É (éééééééééééé......). Novamente respiramos e exalaamos a vogal Ó (óóóóóóóóóóóó...). A próxima vogal a ser exalada, no mesmo movimento, é U (uuuuuuuuuuuu...). E, por fim, a vogal A (aaaaaaaaaaa....).

Devemos fazer isso, por várias vezes, até o ambiente que estivermos, ou a pessoa que nos estiver agredindo com palavras não esteja mais presente. Lembrando-nos que, durante esse período a nossa mão direita deverá sempre estar protegendo o nosso umbigo.

Por que da proteção do umbigo?

A palavra "umbigo" tem sua origem no latim *umbilicus*, diminutivo de *umbo*, com o sentido de saliência arredondada em uma superfície. Ele sempre teve um significado especial na mente do ser humano por representar o elo biológico que liga a mãe ao filho e expressar a relação de dependência entre uma vida e outra. No semiconsciente, o umbigo simboliza a vinculação do ser com o mundo exterior e identifica-se com o centro do corpo. Na mitologia grega, o centro do mundo localizava-se no templo de Apolo, em Delfos, e era assinalado por uma escultura de mármore, de forma cilíndrica e extremidade superior arredondada, a que se denominava *omphalós*. Junto dela, a pitonisa proferia seus oráculos sob o influxo de vapores emanados de uma fonte da rocha e que se acreditava proviessem do interior da Terra. Era a mãe-Terra ligando-se pelo umbigo aos filhos inseguros e temerosos que ali compareciam. Logo, é por meio do umbigo (região do plexo-solar − estomacal) que adentram as vibrações emanadas pelos eventos externos e pelas falas das outras pessoas (REZENDE, 2006).

Por isso que, quando somos acometidos inesperadamente por alguma notícia ou acontecimento externo, essas vibrações, ao adentrarem nosso organismo, provocam algumas alterações que podem atingir a nossa região estomacal.

A mão esquerda pode ser colocada em cima da direita, quando esta não estiver em uso.

Por que das vogais?

O nome, na Bíblia, tem uma significação bem mais profunda do que entre nós. Longe de ser um simples rótulo ou endereço, expressa a realidade íntima de quem o possui. O Criador, por exemplo, é Javé, isto é, "Ele É", que indica aquilo que é por essência. Latinizado Javé, tornou-se JEOVÁ, o qual carrega em si as letras "J", que pode ser entendida como "I"; a vogal "E"; a vogal "O", a letra "V", que pode ser compreendida como a vogal "U"; e, por fim, a vogal "A". Tornando-se assim, a expressão "IEOUA". Simbolizando assim Deus, e deve-se invocá-Lo no momento de aflição.

"José disse a seus irmãos: Vós, é verdade, profetastes o mal contra mim, mas Deus trocou-o em bem" (Gên: 50, 20).

"Na angústia, a mim invocaste e te livrei; da nuvem trovejante te respondi" (SI: 81, 7).

Lembremo-nos de que estamos a todo momento sendo alvos de atuações de forças que nem imaginamos que existam; e por meio do próprio ambiente em que estamos ou outras pessoas que nos cercam e nos atentam a fazer ou dizer algo que poderá prejudicar-nos. Devemos assim estar sempre atentos e auto-observando nossos campos vibratórios e sempre invocar ao Pai para socorrer-nos.

Os defeitos psicológicos nunca descansam e comem pelas beiradas. Os objetivos deles são roubar, matar e destruir a todos nós.

A Interiorização, referente à Higiene nas Inteligências, destaca a importância de nos doarmos para nós mesmos e buscarmos em todos os momentos conhecermo-nos e protegermo-nos.

Ingestão

Ingestão, referente à Higiene na Inteligência, envolve a ação de ingerir qualquer substância natural ou química que promova a alteração da nossa Atitude ou Comportamento.

Das substâncias referidas se destacam: as legais e as ilegais.

As Substâncias Legais são aquelas que promovem em nós uma alteração orgânica, mas são legalizadas. Identificadas por chás caseiros e até medicamentos vendidos em farmácias (tanto as prescritas por profissionais da medicina como as não prescritas); mas principalmente aquelas que são de uso cotidiano, como o café, álcool e tabaco (fumo em geral).

Essas substâncias legais, quando ingeridas de maneira excessiva, promovem o desconforto e desequilíbrio em nossos campos vibratórios e ocasionam transtornos à prática do relaxamento por provocarem grandes agitações.

A ingestão excessiva de café ou chás provoca uma excitação no nosso sistema nervoso. O excesso de álcool provoca danos maiores e até irreparáveis. O consumo dessas substâncias deve ser moderado e responsável.

As substâncias ilegais são aquelas que são proibidas por Lei, para a sua fabricação, consumo, porte, transporte e demais utilizações. São substâncias que promovem um grande desequilíbrio e podem levar-nos à morte. São conhecidas como entorpecentes (drogas). Elas promovem danos, principalmente nos neurônios, incontestáveis.

"Aconselhou Jesus: 'Tendes não se tornarem pesados os vossos corações com a crápula, a embriaguez e as preocupações da vida'" (Lc: 21, 34).

Prudência

O livro de Provérbios (2, 6) nos diz:

"O Senhor dá a sabedoria e de sua boca se difunde a ciência e a prudência".

A Prudência, referente à Palavra, envolve o controle e o equilíbrio de sabermos dizer o que é necessário num determinado momento. Muitas vezes, sentimos a necessidade de dizer determinadas palavras, e isso pode ser muito forte e prejudicial a alguém. Devemos ter certa cautela para dizê-las, pois nem todas as pessoas estão preparadas para ouvir determinadas coisas, mesmo que delas venham a verdade.

Uma verdade mal colocada ou pronunciada provoca danos irreparáveis.

Nesse momento impulsivo de se falar, há necessidade da aplicação da disciplina, do silêncio e da prudência. Nem tudo deve ser dito.

Devemos em primeiro lugar respeitar a particularidade das outras pessoas. Às vezes, é melhor pensar e não falar. Antes de falarmos algo, devemos refletir muito sobre o que será dito. É um bom exercício que nos traz bons frutos com a prática.

> *"Quando a sabedoria entrar no teu coração e a ciência deleitar a tua alma, a reflexão velará sobre ti e o discernimento te guardará, preservando-te da sequência dos maus, dos homens que falam, perversidades"* **(Prov: 2, 10-11).**

O prudente não acredita em qualquer coisa que ouve, mesmo que seja de uma fonte relativamente fidedigna; prefere acautelar-se e vigiar-se, diante de tudo o que ouve e vê, antes de expor a sua opinião; e procura na Oração a resposta adequada.

A Carta de Pedro (4, 7) nos adverte: ***"Sede prudentes e vigiai na oração".***

Vigilância

"Vigiarei sobre meu proceder, para não pecar com a língua. Porei um freio na minha boca ao apresentar-se a impiedade" **(Sl: 39, 1-2).**

A Vigilância, conforme a Higiene para as Inteligências, é o ato de autovigiar e autopoliciar. Ela tem duas características a destacar-se: a Percepção e a Prevenção.

A Percepção é o ato de poder detalhar com a visão e a audição tudo aquilo a que se possa ter acesso, principalmente às palavras que nos atingem vindas de outras pessoas. Ela auxilia a percebermos como essas palavras chegam até nós e dá a oportunidade necessária para nos defendermos.

Nós devemos sempre estar vigilantes quando nos encontramos com outras pessoas ou frequentamos ambientes agitados, para não sermos alvos das energias desequilibradas produzidas pela língua e verificar se tais falatórios (pessoas ou ambiente) estão prejudicando nossos campos vibratórios.

O livro de Provérbios (23, 26) nos diz: *"Dá-me, filho meu, o teu coração, e os teus olhos observem os meus caminhos"*.

A <u>Prevenção</u>, na Higiene para as Inteligências, é o exercício da Vigilância, junto à prática da reflexão, para evitarmos a pronúncia de palavras indesejáveis. Sabido que o falatório pode incomodar--nos ou prejudicar-nos, devemos: afastar-nos do ambiente; não o frequentar; ou mudar de assunto e termos diálogos sadios.

"Sê vigilante, e confirma o restante, que estava para morrer, pois não tenho achado as tuas obras perfeitas diante do meu Deus" (Apoc: 3, 2).

Existem pessoas que somente conversam assuntos de desgraça, problemas e dores. Ao permanecermos poucos minutos próximos a essas pessoas, o nosso corpo começa a sentir as consequências.

Todo ser humano que procura uma vida digna se afasta do mal, demonstrando vigilância para conservar-se tranquilo e saudável (Prov: 16, 17).

A Primeira Carta de Pedro (5, 8) nos adverte:

"Sede sóbrios e vigiai! O vosso adversário, rodeia-vos como leão que ruge, à procura de quem devorar. Resiste-lhe, firmes, na fé!".

Conselho

"Antes de todas as tuas obras vá adiante de ti a palavra verídica, e antes de toda a ação um conselho estável" (Eclo: 37, 20).

O Conselho, na Palavra, é o aviso; a orientação recebida, por meio de dois fatores sociais: a <u>Maturidade</u> e a <u>Experiência</u>.

A <u>Maturidade</u> é o conjunto de qualidades que equilibra o ser humano; é o seu estado de amadurecimento. Ela é adquirida com o tempo e com a vivência de certos momentos captados pela observação e mantidos pela memória.

A Maturidade nos auxilia no momento em que somos solicitados a opinar sobre algo ou tomar decisões. E, por meio da fala, utilizá-la no momento adequado e com eficiência, ou seja, dar uma resposta agradável a uma situação oportuna (Prov: 15, 23).

O livro de Eclesiástico (25, 6) dignifica o saber aconselhar:

"Quão belo é para velhice é o saber julgar, e para os anciãos o saber aconselhar".

A <u>Experiência</u> é todo o ato que se realiza e verifica-se o seu resultado. Se o resultado for positivo continua a realizar a mesma atitude. Se negativo, altere-a e anuncie o seu não funcionamento. Ela é a prática da vida que auxilia em muito para evitarmos erros e sofrimentos desnecessários.

Antes de falarmos ou opinarmos sobre algo, sempre deveremos recorrer a uma segunda ou terceira opinião, de alguém mais vivido ou experiente naquele assunto, para não nos arrependermos daquilo que mencionamos (Eclo: 32, 24).

"Ouve os conselhos e aceita a instrução; tu serás sábio para o futuro" (Prov: 19, 20).

A vivência (<u>Maturidade</u> e <u>Experiência</u>) e a prática do amor é o maior desafio que temos como cristãos dentro do mundo, pois deles surgem a Amorização, a qual é fundamental para o fortalecimento e purificação do nosso coração.

Amorização

Nosso Senhor Jesus Cristo transmite o amor do Pai e envia--nos o Espírito Santo, o qual é o responsável pela amorização, que deve ocorrer em nossas vidas. Essa amorização é a atitude e comportamento básico do cristão, que, pela força do Divino Espírito Santo, transforma a realidade das vidas concretamente (Jo:14, 16-17).

Amorização, nas Inteligências, refere-se à pronúncia de palavras de afeto, cordialidade, positividade, ânimo, conforto, esperança e amor.

Vejamos algumas: "muito obrigado!"; "por favor!", "tudo dará certo!"; "com licença!"; "haverá a possibilidade?"; "perdão!"; "desculpe-me!"; "você será feliz"; "você conseguirá!"; "você é um vencedor!"; "parabéns!"; "felicidades!"; "Jesus te ama"; "Deus é contigo"; "boa sorte!"; "coragem!"; "levanta-te!"; "levanta a cabeça"; "você será muito feliz"; "eu sou feliz"; "eu vencerei!"; "eu tenho sorte!" e as demais que expressam amor, delicadeza e cuidado.

Essas curtas palavras e expressões carregam em si uma grande energia revitalizadora e, quando são ditas, auxiliam tanto as pessoas que as pronunciam quanto as que as recebem. Na injusta agressão verbal, a pessoa deve emanar palavras amorosas.

As pessoas devem ser caridosas e amorosas em suas palavras e pronúncias (1 Cor: 13, 1-3).

Com a amorização, a Palavra consegue mostrar os seus primeiros sinais de purificação; e, ao ser fortalecida pela Fé, atinge os limites da Ciência, isto é, a comprovação de sua potencialidade como instrumento de realizações.

Nosso Senhor Jesus Cristo (Jo: 14, 12) nos afirma:

"Em verdade, em verdade vos digo que aquele que crê em mim também fará as obras que eu faço. E as fará maiores do que estas, porque eu vou para o Pai".

A palavra é importantíssima na atitude de uma pessoa. Ela é a base, mas sem Fé, ela não é nada. Se não acreditamos no que falamos, acabamos por destruir, e não por construir algo. A Fé é uma maneira de se obter ciência da palavra; logo, o que falamos, crendo, materializa-se.

Fé

Fé é um conjunto de dogmas e doutrinas que constituem um culto (AURÉLIO, 2006). Ela é a primeira virtude teologal, sinal de firmeza na execução duma promessa ou compromisso assumido. É um dos dons espirituais que Deus manifesta, por meio do Espírito Santo, no ser humano.

Existe somente uma Fé, um único sentimento de se acreditar em algo (Ef: 4, 5), mas ela pode ser graduada. Essa graduação tem as seguintes denominações: Inconsciente, Filosófica, Popular, Fanática, Científica, Religiosa, Idólatra ou Totemista, Inconstante, Empírica, Política, Interna e Consciente.

"Em virtude da graça que me foi conferida, digo a quem quer que se encontre no meio de vós, que não se estime mais do que convém, mas que nutra sentimentos de justa modéstia, cada qual segundo o grau de fé que Deus lhe concedeu" (Rom: 12, 3).

Essa graduação ou medição demonstra que a Fé vai além do simples ato de crer em algo material e espiritual.

A Fé em si inexiste; há necessidade do sujeito que dela se utiliza para justificar o seu pensar, sentir, acreditar e falar, junto com sua esperança de realizar algo ou propiciar a realização de um determinado ato. Sem a Fé, a Palavra ou a Atitude se choca com o desequilíbrio, o desespero e a não realização. Por isso, muitos se dizem ter fé e nada conseguem; logo, sem fé não há inteligência.

Cada grau de Fé representa uma possibilidade de conquista e realização (Mt: 17, 20).

A Fé auxilia a manutenção do equilíbrio do ser humano, propiciando-lhe assim a conquista da pureza interna (coração) ou a manutenção dela.

"Fé é consistência daquilo que se espera demonstração de realidades que não se veem" (Hb: 11, 1).

Fé Inconsciente

A Fé Inconsciente é aquela encontrada nos seres humanos que não se incomodam com os acontecimentos, tampouco com o que falam e as suas consequências. Eles fazem o que devem fazer e não acreditam na sorte, no azar, em forças espirituais, em forças sobrenaturais, nos santos, em Deus, e em assuntos místicos ou em crendices e superstições. São os conhecidos "Burros Falantes", pois na maioria das vezes nem sabem o que seguem ou falam.

"Disse também Jesus: 'Há entre vós alguns que não acreditam'" (Jo: 6, 64).

Fé Filosófica

A Fé Filosófica é aquela que agrupa os seres humanos que questionam, indagam, analisam se o que ocorreu com eles foi por merecimento ou devido a fé que tiveram ou algo que deveria assim ocorrer (o acaso).

Analisam no que devem ter fé e procuram segui-lo. Se avaliarem que ter fé em determinado objeto ou sujeito satisfaz as suas necessidades internas e externas a promovem por meio de suas locuções ou partem para outra caminhada. Tudo com o objetivo de levar vantagem. São os conhecidos "Macacos Oradores", que dizem ter fé, mas nada realizam de concreto, ou seja, não praticam a referida fé. Somente esperam ganhar e falam por inquietação e devaneio, sem se importarem com a comprovação do que dizem.

A Carta de Tiago (2, 14) nos adverte: *"De que aproveita meus irmãos a um dizer que tem fé, se não tem as obras".*

Fé Popular

A Fé Popular, referente às Inteligências, é aquela que agrupa pessoas que promovem a manifestação comum de uma crença. É o crer por crer.

"Aquele que crê de leve, é leviano de coração, e ficará menoscabado: e o que peca contra a sua alma, não será tido em contra" (Eclo: 19, 4).

A pessoa acredita em algo, não por ela, mas porque uns grupos de outras pessoas desavisadas acreditam. Ela se torna um "Papagaio Falante", pois crê em algo que é acreditado por outras pessoas, e não por ela própria.

A Fé Popular aglutina pessoas que se preocupam com os seus bens materiais e sua autoimagem, mas são inseguras. Qualquer motivo é sinal de desespero ou apego a qualquer outra crença que lhes dê um pouco de alívio ou segurança.

"Ora o Espírito diz expressamente que, nos últimos tempos, alguns apostarão da fé, para aderirem a espíritos enganadores e a doutrina diabólicas" (1 Tim: 4, 1).

Fé Fanática

A Fé Fanática ou Ignorante cega qualquer pessoa, transformando-a num perigo para toda a humanidade. Ela contém em si o fanatismo, o qual é o ato de crer e pregar algo que se acredita de maneira inconsciente, cega e mecânica.

As pessoas fanáticas acreditam tanto em determinadas coisas ou palavras, independentemente se forem imorais ou ilegais, que não conseguem desprender-se delas.

O fanatismo desequilibra a mente e perturba o coração do ser humano, pois o faz andar pelas trevas sem saber para onde se dirige (Jo: 12, 35).

O lábio do fanático é doce como mel, mas os seus frutos são ácidos corrosivos.

A Fé Fanática não permite nenhum tipo de intromissão ou discussão com os seus fundamentos. Ela é doente. Prega e impõe a sua palavra como verdade única e pura. Somente ela está certa. A reflexão e análise, para ela, são ações demoníacas.

O fanatismo envolve na sua massa social: a religião, a política e os esportes. Ele pode ser imposto por alguém ou adquirido pela própria pessoa. Quando a pessoa se torna fanática por algo, somente enxerga aquilo que deseja enxergar.

A fé é, de maneira geral, algo que nasce com o ser humano e faz parte da sua tríplice vida: Material, Psicológica e Espiritual. Para umas, ser fanática é algo absurdo, para outras é algo imperceptível ou inexistente.

Jesus Cristo (Mt: 7, 15-16) nos acautela:

"Guardai-vos dos falsos profetas, que vêm a vós em veste de cordeiro, mas por dentro são lobo rapaces. Pelos seus frutos os conhecereis".

Fé Científica

"Disse Jesus a Tomé: 'Crestes porque vistes? Felizes os que creem sem terem visto'" (Jo: 20, 29).

A Fé Científica é aquela que agrupa pessoas que somente acreditam em algo após ser comprovada a sua existência ou veracidade. Não se deixam levar e lutam contra tudo que seja empírico, filosófico, inconsciente e fanático. Duvidam constantemente até o último detalhe. Preferem desconsiderar cem palavras verdadeiras a aceitar uma falsa. São pessoas desconfiadas ao extremo e chegam a ser cépticas, mas carregam em si a sua fé.

A Fé Científica faz com que as pessoas acreditem que a fé é o resultado de um trabalho. Sem trabalho não há fé. Não acreditam em "diz que diz", tampouco no "ouvi dizer" e o "falaram por aí". Creem em palavras que possam ser provadas e comprovadas; logo, falam e acreditam somente no que é ou pode ser provado.

Fé Religiosa

A Fé Religiosa é aquela que agrupa pessoas que acreditam somente na Doutrina e pregação das religiões que escolheram para si. Afastam-se ou abominam as pregações ou doutrinas de outras religiões, independentemente se as suas dizem a verdade ou não. São pessoas que pronunciam palavras apoiadas na sua doutrina religiosa.

"Se alguém, sem refrear a língua, mas se iludindo no seu coração, se julga religiosa, é vã a sua religião" (Tg: 1, 26).

As pessoas adeptas a essa Fé, no afã de defender suas ideias religiosas, caluniam, injuriam e difamam por meio de palavras outras crenças religiosas sem conhecimento de causa, desrespeitando a liberdade individual de credo de cada indivíduo.

Elas, em suas consciências, creem que a verdade está presente nas suas religiões; e falam, na maioria das vezes, sem ciência, e sim por simples crença.

Na Carta de Paulo aos Gálatas (1, 7-9) há o apoio à unidade evangélica, a qual, quando mal interpretada, faz menção à Fé Religiosa:

> *"De fato, não há dois evangelhos; o que há são alguns que lançam a desordem entre nós e propõem-se transtornar o Evangelho de Cristo. Pois bem, ainda que nós próprios ou um anjo do céu vos anunciasse um evangelho diferente daquele que vos anunciamos, seja execrado".*

Fé Idólatra ou Totêmica

Ídolo, estritamente escrevendo, é um falso deus ou perfeição. O culto que se lhe presta se chama Idolatria. A Fé Idólatra é aquela que envolve pessoas que somente acreditam naquilo que elas possam ver, sentir ou tocar. Elas necessitam desses objetos para concretizar em si a Fé.

Para o idólatra, as palavras são vãs se não houver tal sensação (visual, auditiva, olfativa, gustativa ou tátil) com um objeto.

Os objetos idolátricos podem ser: livros com ilustrações; estátuas; esculturas; pinturas; fotografias; crucifixos; talismãs, tótens; estendendo-se até ao meio ambiente: Sol, luz, trovão, furacões; e qualquer objeto em que essas pessoas depositam o seu amor, o seu credo, a sua fé, tornando-se um fã daquilo. A ausência de algum desses objetos referenciados provoca nessas pessoas a descrença.

São pessoas que, por meio de palavras, defendem fervorosamente seus ídolos.

A pessoa ter um objeto como referencial religioso até que não é prejudicial a ela, mas tê-lo como instrumento de salvação se torna insalubre. Sendo que, em dados momentos, devido à baixa autoestima da mesma, um objeto qualquer pode ser a sua "tábua de salvação"[4].

"Filhinhos, guardai-vos dos ídolos" (1 Jo: 5, 21).

O idólatra propaga a sua crença e religião nos ídolos a todas as pessoas como fonte de salvação e milagres, provocando assim descaminhos espirituais.

A idolatria também pode ser por pessoas ou personagens. O idólatra torna-se fã de alguém ou se identifica por completo por uma personagem, promovendo uma nova identidade de si.

"Deixai-vos! São cegos que guiam cegos. Ora, se um cego guia outro cego, ambos cairão nalgum barranco" (Mt: 15, 14).

Fé Inconstante

"Mas aquele que tem dúvidas, se come está condenado, porque não come por fé; e tudo o que não provém da fé é pecado" (Rom: 14, 23).

A Fé Inconstante é aquela que agrupa pessoas que por algum motivo têm fé em algo, mas por outro motivo qualquer deixam de tê-la. Se os seus pedidos são realizados, acreditam; se não o forem, desacreditam. Às vezes, são fervorosas pregadoras convictas; noutros momentos, tornam-se laicas e até descrentes da fé.

A Fé Inconstante realiza no ser humano um desequilíbrio, ou seja, num determinado momento ele fala e crê numa coisa e posteriormente, indagado a respeito de sua fala ou crença, se isso não lhe for positivo, responde que nada falou ou acreditou em tal coisa, ou que não se lembra de tê-la dito ou pregado a referida crença.

---

[4] É uma expressão utilizada para designar o único meio de uma pessoa se salvar diante da morte ou de um grande problema.

As pessoas que se identificam com essa fé não acreditam nem nelas mesmas (potencial) e por meio de suas falas tentam criar nas outras pessoas o espírito da descrença da existência Divina.

"Quem é esse Onipotente, para que o sirvamos, e que nos aproveita invocá-lo?" (Jó: 21, 15; 34, 27).

Fé Empírica

A Fé Empírica é aquela obtida por meio de algum tipo de experiência que a pessoa vivenciou. São várias as pessoas que começam a ter fé a partir do momento em que algum dos seus pedidos é atendido. Algumas nunca creram, e começam a crer no instante que viram, sentiram ou foram suas preces atendidas, sejam elas quais forem.

A Fé Empírica agrupa pessoas que, na palavra, gostam de contar "casos" (testemunhos) que ocorreram em suas vidas e de outras pessoas. Tornam-se repetitivas e impõem e demonstram sua fé por meio de seus depoimentos, às vezes reais, outras vezes fantasiosos.

"Disse Jesus ao pai do menino possesso: 'Tudo é possível a quem crê'" (Mc: 9, 23).

Fé Política

A Fé Política é aquela em que se agrupam pessoas que querem levar algum tipo de vantagem ou prazer. Elas praticam esta fé com o objetivo único de se darem bem nas situações em que estão envolvidas.

No íntimo, elas não creem em nada, mas conseguem, por meio de suas palavras ou de suas expressões, vender uma imagem de alguém que tem uma fé perfeita e convicta, principalmente no ambiente em que atuam.

A Fé Política é a atividade pela qual as pessoas "sugam" tudo aquilo que for prazeroso ou vantajoso para elas. Mas, no momento de participar ou contribuir para a permanência daquela referida atividade, simplesmente se abstêm. É o defeito da avareza manifestando-se de uma forma contundente nessas pessoas sob esta fé. Utilizam as suas inteligências para enganar e obter vantagem ou prazer.

> *"Hipócritas, bem profetizou Isaías a vosso respeito: Este povo honra-me com os seus lábios, mas seu coração está longe de mim. Mas em vão me adoram, ensinando doutrinas que são preceitos dos homens"* (Mt: 15, 7-9).

Fé Interna

Carta de Paulo aos Efésios (2, 8) nos orienta:

"De fato, é pela graça que fostes salvos, mediante a fé, e isto não procede de vós; é dom de Deus".

A Fé Interna é aquela em que a pessoa tem em si uma fé, mas não a divulga. Crê em si ou em algo, mas não demonstra por meio de suas palavras ou ações tal crença. Acaba sendo uma fé tímida ou reclusa, somente vivida pela pessoa que a possui.

As demais pessoas acabam por identificar a pessoa que tem a Fé Interna como uma descrente, pois não é vista em locais religiosos ou professando a sua fé.

As pessoas que têm a Fé Interna respeitam todos os pontos de vista religiosos, mas se mantêm neutras em qualquer discussão ou menção a assuntos espirituais ou similares.

Esta Fé agrega pessoas que não comungam sua fé com as demais. São conhecidas por manterem-se numa clausura religiosa ou particular. Mas, para elas, a Fé engloba a atitude e o comportamento particular, e não uma demonstração social.

Carta de Paulo aos Romanos (8, 24-25) nos ratifica a Fé Interna:

> *"Pois nesta esperança somos salvos. Mas, a esperança que se vê não é esperança. Quem espera por algo que já tem? Mas, se esperamos o que não vemos, com perseverança o aguardamos".*

Fé Consciente

Fé Consciente é aquela em que se agrupam seres humanos que têm consciência do que estão pensando, sentindo e fazendo em relação àquilo em que acreditam ou pregam. Eles procuram manter equilibrado o seu raciocínio e sua emoção diante de sua fé.

A Fé Consciente é constante, esperançosa, forte, equilibrada, próspera, divina e amorosa.

As pessoas que nela habitam realizam obras com Sabedoria, em prol de si, dos outros e do ambiente em que vive.

> *"Tendo sido justificados mediante a fé, temos a paz, por meio do nosso Senhor Jesus Cristo"* (Rom: 5, 1).

Sem a Fé, o Poder da Palavra se perde em si. Nada vale e as inteligências não são despertas e/ou desenvolvidas.

A Fé faz a atitude ter consistência e poder, mas se necessita da Sabedoria, para que ela não se tornar maligna, pois se a pessoa tiver uma fé em algo e não trabalhar com a Sabedoria acaba por utilizá-la para a obtenção de vantagens para si e torna-se um ser cada vez mais mecânico e desumano, e com isso fortalece ainda mais seus defeitos psicológicos.

Sabedoria

Sabedoria é a qualidade do sábio, isto é, o ser humano que sabe o que sabe; sabe o saber; sabe fazer; sabe fazer saber; e procura, por meio dela, promover a harmonia entre as pessoas, as pessoas e os objetos, e as pessoas e os ambientes. Ela é um dos dons espirituais de Deus manifestado nas pessoas pelo poder do Espírito Santo.

Na Bíblia Sagrada, encontramos meios pelos quais a Sabedoria é despertada e desenvolvida:

Oração (Tg: 1, 5-6); Vida de Santidade (Sab: 1, 4); Temor a Deus (Eclo: 1, 16); Humildade (Prov: 11, 2); e Interesse (Sab: 6, 12-17):

> *"A sabedoria brilha sem jamais empalidecer e deixa-se ver facilmente por aqueles que a amam e é encontrada por aqueles que a buscam. Antecipa-se a conhecer aos que a desejam; quem madruga para buscá-la, não terá de cansar-se, pois a encontrará sentada ao seu limiar. Pensar nela é portanto, flor de prudência, e quem lhe dedica as vigílias, depressa estará livre dos cuidados, pois ela mesma anda por todas as partes à procura dos que são dignos dela, e benignamente lhes aparece nos caminhos e vem ao seu encontro com toda a solicitude. Princípio da sabedoria é o mais sincero desejo da instrução e ânsia da instrução do amor."*

A Sabedoria, para ser identificada como tal, além de ser composta por sete grandes grupos – 1) Esperteza; 2) Zelo (Prudência/Cuidado); 3) Intelectualismo; 4) Ambição; 5) Genialidade; 6) Educação; e 7) Conhecimento (Ciência) –, tem que ser <u>Pura</u>, <u>Pacífica</u>, <u>Moderada</u>, <u>Dócil</u>, <u>Misericordiosa</u>, <u>Imparcial</u> e <u>Verdadeira</u>. Fora disso, não é Sabedoria.

> *"Então ouvi uma grande voz no céu, que dizia: Agora é chegada a salvação, e a força e o reino do nosso Deus, e o poder do seu Cristo. Pois já o acusador de nossos irmãos foi lançado fora, o qual diante do nosso Deus os acusava de dia e de noite"* (Apoc: 12, 10).

Esperteza

Esperteza é a ação do esperto, ou seja, daquele que percebe tudo, que está atento e vigilante ao que lhe ocorre e ao seu redor.

Não confundir esperteza com expertise que é a competência ou qualidade de especialista, que exige determinação, ânimo e resistência no longo prazo, ou seja, um processo de intelectualidade.

Referente às inteligências, a Esperteza envolve as habilidades de utilizar a mente de uma maneira excelente (eficaz e eficiente) na solução de questões próprias ou alheias. Ela se refere ao presente e ao porvir e nunca ao pretérito.

A esperteza pode ser benigna ou maligna. Depende de sua aplicação. A benigna (Rom: 13, 11) promove o bem coletivo ao contrário da maligna (Mc: 7, 8-11).

Zelo (Prudência/Cuidado)

Zelo é o ardor que o ser humano emprega na defesa do bem social ou de uma causa ética.

Nas Inteligências, refere-se ao trabalho árduo do ser humano para o não cometimento de erros ou excessos em suas ações.

O Zelo envolve a união da Prudência com o Cuidado, ou seja, a cautela e o ato amoroso da preservação e conservação de atos e comportamentos que nós mencionamos.

"Se alimentais em vossos corações zelo azedo e rivalidades, não vos glorieis, não mintais contra a verdade. Não é esta a sabedoria que vem do alto, mas é terrena, animal, diabólica; porque onde existe tal zelo e rivalidades, aí se encontra a desordem e todas as coisas más. Mas, a sabedoria que vem do alto é, antes de tudo, pura, depois pacífica, moderada, dócil, cheia de misericórdia e de bons frutos, imparcial, não

> *fingida. Um fruto de justiça semeia-se na paz para aqueles que praticam a paz"* (Tg: 3, 14-18).

O Zelo é formado por: Equilíbrio; Bom Senso (Juízo); Responsabilidade (Cuidado); Disciplina; Exemplo; Precaução; e Veracidade.

Equilíbrio é o estado do Zelo que envolve a moderação, a sutileza, a sensibilidade e a tranquilidade em expor ideias, pensamentos, opiniões e conselhos, ou seja, a ação deve ser equilibrada.

> *"Cristo se entregou a si mesmo por nós, para nos resgatar de toda iniquidade e formar para si um povo que seja todo seu, purificado, zeloso pelas boas obras"* (Tt: 2, 14).

Bom Senso (Juízo) é o outro estado do Zelo, que, na Higiene nas Inteligências, envolve a diplomacia e o "politicamente correto", ou seja, devemos agir para que não se provoque um mau entendimento ou intriga, nas ou entre as pessoas. Ele zela pela moderação, isto é, não devemos ser "nem 8 nem 80". Procuremos um meio-termo, para as questões em que nos envolvemos, ou seja, devemos ser "44". Isso não representa que devemos estar em cima do muro, mas devemos procurar situarmo-nos com juízo. Nem para um lado, tampouco para o outro.

> *"Por certo, é bom ser objeto de solicitudes honestas, contanto que sejam duradouras, e não só quando estou presente entre vós, filhinhos meus por quem sofro novamente as dores do parto, até que Cristo não se tenha formado em vós. Bem quisera estar agora presente no meio de vós e cariar o tom da minha voz, pois me sinto muito perplexo a vosso respeito"* (Gal: 4, 18-20).

Responsabilidade é o ato de sermos responsáveis, ou seja, de termos obrigações e pagarmos por elas. Esse ato envolve a ausência de dívidas; logo, se somos responsáveis, não devemos.

Na Sabedoria, referente à Responsabilidade é o compromisso de saber que temos a obrigação de agir, na medida do possível, conscientes, e sabermos que responderemos por aquilo que realizamos inconscientemente.

> *"Cuidai, pois, diligentemente, como deveis proceder; não como insensatos, mas como homens sábios. Aproveitai bem toda ocasião, porque vivemos em dias maus. Não sejais, portanto, irrefletidos, mas trate de compreender bem qual seja a vontade de Deus"* (Ef: 5, 15-17).

Disciplina é o nosso trabalho constante na Higiene, para a conquista e a preservação do pensamento equilibrado.

A Sabedoria sem a Disciplina torna-se um saber sem o fazer ou um fazer sem o saber, colocando-nos num labirinto de teorias.

A Disciplina é a união da teoria com a prática, possibilitando-nos os resultados necessários para a conquista de um coração puro e, com isso, uma pronúncia consciente.

**"Para o prudente, a disciplina é como ornamento de ouro, e qual bracelete no pulso direito"* (Eclo: 21, 24).*

A pessoa zelosa utiliza o Exemplo para mostrar ou demonstrar alguma ação. Suas palavras seguem a sua Atitude (mental). Sua atitude, por meio da Sabedoria, é seguida pelo seu comportamento (motor), o qual tem na Higiene nas Inteligências sua prática constante.

**"A ciência do sábio transbordará como uma inundação, e o seu conselho permanece como uma fonte de vida"* (Eclo: 21, 16).*

Precaução é o ato de precavermo-nos e prevenirmo-nos contra tudo aquilo que nos possa prejudicar ou a outrem. Ela, referente à Higiene nas Inteligências, orienta-nos a nos afastarmos das confusões ou possíveis intrigas do ambiente; a não estarmos presentes em discussões desnecessárias e fúteis; e a não participarmos de atribulações em defesa de um e de outro, para que não pronunciemos palavras inconscientes durante o fervor do momento.

> *"Jesus se voltou ao povo e disse-lhe: 'Quem, dentre vós, querendo construir uma torre, não se senta primeiro para calcular a despesa, para ver se tem com que acabá-la, a fim de evitar que, depois de lançar os alicerces, não podendo completá-la, todos os que o virem comecem a zombar dele, dizendo: Este homem começou a construir não pode chegar ao fim. Ou qual é o rei que, partindo para combater contra outro rei, não se senta primeiro a examinar com dez mil soldados é capaz de enfrentar aquele que lhe vem ao encontro com vinte mil? De contrário, estando o outro ainda longe, deve mandar-lhe uma embaixada a pedir a paz'"* (Lc: 14, 28-32).

A Veracidade é o estado complementar do Zelo que envolve a observação da verdade e da seriedade do fato, ou seja, quando pensarmos, sentirmos ou pronunciarmos alguma palavra, devemos fazê-lo com conhecimento de causa e não pelo "ouvi dizer"; e sempre buscando a verdade dos acontecimentos e fugindo da mentira ou da "mãe das incertezas": o conhecido "acho".

> *"Quando a sabedoria entrar no teu coração e a ciência deleitar na tua alma, a reflexão velará sobre ti e o discernimento te guardará, preservando-te da sequela dos maus, dos homens que falam perversidades"* (Prov: 2, 10-11).

O início da prática do Zelo, da Higiene nas Inteligências, é imprescindível para o auxílio na obtenção da pureza do nosso coração.

"Sê zeloso e emenda-te" é a advertência, para nós, segundo o livro de Apocalipse (3, 19).

Intelectualismo

Intelectualismo, referente à Higiene para as Inteligências, é dar capacidade à mente humana em absorver, aprender, reter, interpretar, compreender, memorizar e conhecer fatos e acontecimentos que ocorrem ao seu redor.

O Intelectualismo pode ser destinado aos assuntos relativos à vida material, psicológica e espiritual. Tanto individualmente quanto coletivamente.

A intelectualidade é distinta da inteligência. Nela, a pessoa por meio do ensino e instrução está capacitada para resolver problemas. Já, na inteligência, a pessoa não necessita do conhecimento, pois possui habilidade para resolver tal questão. A união do Intelectualismo e da Esperteza produz a Competência, ou seja, um estado da Higiene nas Inteligências em que a pessoa sabe resolver, e não criar problemas.

O livro de Provérbios (22, 17-18) nos diz:

> *"Inclina o teu ouvido e escuta as palavras dos sábios, aplica a tua mente à instrução. Porque te será agradável guardá-las no teu coração e tê-las já prontas sobre teus lábios".*

O Intelectualismo, item importante da Sabedoria, promove muitos benefícios à Higiene para as Inteligências quando aplicado adequadamente e constantemente.

Somente o louco e o diabólico desvalorizam uma boa educação ou uma intelectualidade conquistada.

Nosso Senhor Jesus Cristo (Lc: 8, 11-25) nos relata a importância do Intelectualismo, quanto à vida na prática:

> *Filho, acolhe a disciplina desde os teus jovens anos, e até escarnecer acharás sabedoria. Aproxima-te dela como aquele que lavra e sega, e espera abundantes frutos. Em seu cultivo terás de trabalhar um pouco, mas em breve comerás dos seus frutos. Aproxima-te dela com todo o teu coração, e com todas as tuas veras*

> *segue-lhe os caminhos. Busca e indaga, procura e encontrarás; em a conseguindo não a deixarás mais; porque, finalmente, nela encontrarás o repouso e se transformará em deleite* (Eclo: 6, 18-19; 26-28).

Ambição

A Ambição é um dos instrumentos motivadores da Sabedoria, tendo certa importância, pois sem ela não há a busca, a vontade, o desejo, o querer praticar a Higiene nas Inteligências.

Sem a ambição, o ser humano se torna inerte, ou seja, ocorre a estagnação e a conformidade (ele se conforma com a situação em que vive). E não é isso que Deus quer para ele (Jo: 10, 10).

O ser humano que não deseja a Sabedoria não a consegue. Há necessidade de querê-la sinceramente, e isso se dá pela Ambição.

Não se deve confundir a Ambição com a ganância, a qual é um desequilíbrio da vontade (fruto do defeito psicológico: Gula).

> *"Têm os olhos cheios de adultério, e são insaciáveis no pecado; engodam as almas inconstantes; têm um coração exercitado na ganância, são filhos da maldição!"* (2 Pd: 2, 14).

Na Atitude, referente à Higiene nas Inteligências, a Ambição envolve o desejo de querer um coração puro, um pensamento equilibrado e um falar consciente, custe o que custar; pois, sem ela, torna-se bastante difícil obter tais benefícios para os nossos corpos: material, psicológico e espiritual; bem como para o despertar e o desenvolvimento das inteligências.

> *"Não vos conformeis com este mundo, mas transformai-vos pela renovação da vossa mente, para discernirdes qual é a vontade de Deus, o que é bom, aceito a Deus e perfeito"* (Rom: 12, 2).

Genialidade

A Genialidade é a parte da Sabedoria que agrupa pessoas com um alto grau de competência (intelectualidade e esperteza).

O gênio é capaz de criar, renovar, inovar, transformar qualquer coisa que deseja por meio da sua Sabedoria; e gera soluções e facilidades para uma vida mais equilibrada.

A Ética deve sempre acompanhar a Genialidade; senão, esse dom se afastará do bem e provocará malefícios à humanidade.

A Genialidade nasce com a pessoa. É uma benção de Deus, para que ela harmonize o mundo em que habita.

"Os dons e a vocação de Deus são irrevogáveis" (Rom: 11, 29).

Educação

A Educação é o processo de progresso material, psicológico e espiritual do ser humano. Ela, referente à Higiene nas Inteligências, dá base para a Sabedoria nos assuntos relacionados: à etiqueta (Mt: 5, 37 "Seja o vosso falar: Sim, sim; não, não; porque, tudo o que passa disto procede do maligno".); à discrição (Carta de Paulo aos Efésios: 5, 4 "Nem haja as Inteligências torpe, conversações vãs e chistes grosseiros, todas coisas indecentes".); à elegância (Salmos: 37, 30 "A boca do justo profere sabedoria e a sua língua fala de retidão".); ao aprimoramento (Jó: 6, 25 "Que de ofensivo têm minhas palavras sinceras?".); e à vivacidade (Prov. 15, 23 "Saber dar uma resposta causa alegria, e uma palavra dita a tempo quanto bem faz".).

A Educação tem por objetivo combater os defeitos psicológicos que atuam no ser humano, por meio da ação do despertar e do desenvolvimento das suas antíteses, as Virtudes Psicológicas: a Humildade (oposto da Soberba); o Amor ao Próximo (contrário da Ira); o Jejum (distinto da gula); a Abnegação (oposto da Avareza); o Trabalho Voluntário (contrário da Preguiça); a Castidade (distinto da Luxúria); e a Solidariedade (oposto da Inveja); e seus frutos; portanto, a promover a manutenção e conservação da Higiene para as Inteligências. Nos sete aspectos anteriores, a Educação tenta mostrar ao ser humano o caminho adequado para a conquista de um coração puro, no aspecto da correção do seu falar, pensar e agir, mas deverá ser complementado com o despertar e desenvolvimento das virtudes, as quais combatem os defeitos psicológicos.

A outra função da Educação é auxiliar-nos no combate aos defeitos psicológicos: soberba, ira, gula, inveja, luxúria, preguiça e avareza. E para tal, utiliza-se e baseia-se na oração, fé e jejum, a fim de que consigamos trabalhar e fortalecer as antíteses desses demônios internos que atuam na nossa atitude.

"Mas esta casta de demônios não se expulsa senão por meio de oração e jejum" (Mt: 17, 21).

Oração

Por meio da oração a Deus, devemos pedir-Lhe que desperte e desenvolva em nossa atitude a Ascese, ou seja, o exercício prático que leva à efetiva realização da Virtude, por meio da Humildade, do Amor ao Próximo, do Ato do Jejum, da Abnegação, do Trabalho Voluntário, da Castidade ou Equilíbrio sexual/genital e da Solidariedade. Isso para que assim tenhamos uma força a mais para auxiliar-nos na nossa limpeza interna, ou seja, na nossa Higiene nas Inteligências.

Nosso Senhor Jesus Cristo (Mt: 6, 24) nos adverte sobre os dois lados:

> *"Ninguém pode servir a dois senhores, porque ou odiará um e amará ao outro, ou será dedicado a um e desprezará o outro. Não podes servir a Deus e a Mamom".*

Humildade

A Humildade é o caminho para a virtude, que nos leva a um conceito exato do que somos e a viver de conformidade com este conceito.

Ser humilde é aceitar o que somos e procurar melhorar-nos, nos aspectos material, psicológico e espiritual. É reconhecermos quando somos vencidos por algo; e que sempre existirá um superior a nossa frente. Quando vencemos não devemos humilhar o vencido, tampouco nos vangloriarmos, pois na vida tudo tem 50% de chance de dar certo ou errado; às vezes ganhamos e outras vezes perdemos.

Na Sabedoria, referente à Higiene nas Inteligências, a Humildade combate a Soberba e suas ramificações, e suas pronúncias promovem o bem-estar entre todos.

> *"Durante a ceia, como o demônio já tivesse metido no coração de Judas Iscariotes, filho de Simão, que o traísse, sabendo Jesus que o Pai tudo lhe pusera nas mãos e que Deus viera e que para Deus voltava, levanta-se da mesa, depõe o manto e, tomando uma toalha, cinge-a à cintura. Depois, deita água numa bacia e começa a lavar os pés aos apóstolos e enxugá-los com a toalha que cingira à cintura. Depois de lhes lavar os pés, retornou o manto e, pondo-se novamente à mesa, disse-lhes: "Compreendeis o que vos fiz? Vós me chamais Mestre e Senhor, visto que o sou. Se, portanto, eu, sendo Mestre e Senhor, vos lavei os pés, também vós deveis lavar os pés uns aos outros. É que eu dei-vos o exemplo, para que, assim como vos fez, vos façais também" (Jo: 13, 2-5; 12-15).*

Amor ao Próximo (Justiça)

O Amor ao Próximo, referente à Higiene para as Inteligências, é o caminho para combater a ira, a qual deseja a perversidade ao próximo. Essa virtude promove a exalação de palavras simpáticas, amigáveis e de amor ao coração do próximo.

Para amarmos o próximo há necessidade de nos amarmos anteriormente. Quando não nos amamos e dizemos amar o próximo, negligenciamos, ou seja, mentimos para nós mesmos.

Pela preocupação quiçá exagerada e constante de condenar o autoamor (egoísmo) e de exaltar o altruísmo (amor ao próximo), distanciamo-nos do meio-termo, ou seja, do equilíbrio, que é o amor-próprio.

Para se verificar o resultado desastroso do ódio de alguém para consigo se faz *mister* entrar num hospital psiquiátrico. Lá se vive e convive-se de frequente com criaturas que arrastam suas tristezas, suas amarguras, seus ódios, suas revoltas, seus desesperos, unicamente porque não sabem verdadeiramente amar a si mesmas.

Não é de duvidar que depois do amor para com Deus, o maior amor é justamente aquele que se volta às pessoas. Tão radicado está este amor na própria natureza humana, no próprio instinto de conservação, que dispensou um mandamento específico, explicitamente inserido no Segundo Mandamento (Mt: 22, 39-40).

A vida, embora penosa e fugaz, é um bem tão precioso que vale a pensa ser vivida mesmo à custa de todo sacrifício, pois ela é única. Nós não poderemos viver duas ou mais vidas ao mesmo tempo ou em tempos diferentes (mesmo que haja a suposta reencarnação, seremos outra pessoa, em outro corpo, em outra época); logo, a vida é única em si.

Não é de duvidar, portanto, que, entre os seres humanos, o suicídio constitua um grave pecado, a suprema prova de desamor pessoal, já que o evangelista João não hesitava em ensinar que o ódio ao próximo ou a si mesmo é um homicídio ou suicídio, respectivamente, passível de castigo externo (Jo: 3, 15).

Por mais paradoxal que pareça, o próprio suicídio o comprova, já que somente em circunstâncias extremamente desesperadoras e trágicas é que as pessoas a ele recorrem.

O suicídio é o ato em que a pessoa nada tem contra a Vida, mas sim como ela está e os problemas que a envolvem. Tirando-lhe os problemas, ele – o suicida – ama a Vida. Essa perturbação que o leva ao suicídio é provocada pelos seus Defeitos Psicológicos (Ira).

> *"Não pagueis a ninguém o mal com o mal; tende o cuidado de bem proceder diante de todos os homens. Se for possível, quanto de vós depende, vivei em paz com todos. Não vos façais, justiça por vós próprios, caríssimos, mas daí lugar à ira divina, pois está escrito: "A mim pertence a vingança: eu que hei de retribuir, diz o Senhor". Mas, "se teu inimigo tem fome, dá-lhe de comer, se tem sede, dá-lhe de beber; pois fazendo assim, amontoarás carvões acesos na cabeça dele". Não te deixes vencer pelo mal; mas vence o mal com o bem" (Rom: 12, 17-20; Dt: 32, 35; Prov: 25, 21-22).*

O não despertar e o não desenvolver das Inteligências pode provocar o suicídio, bem como o homicídio, por isso, devemos aplicar o Amor às palavras, para evitar tais males.

Jejum (Prudência)

Para combater o defeito da Gula, há necessidade da prática do Jejum, que pode ser líquido, sólido ou ambos.

O Jejum é um ato de expiação espiritual e de salutar benefício orgânico.

O ser humano deve praticar, às vezes, o Jejum de certos alimentos e líquidos, para dar um descanso ao seu organismo, principalmente após as 21h, e retornar a alimentar-se somente na manhã seguinte, isso se ele for dormir.

O Jejum é um ato interno, ou seja, estimula o nosso lado espiritual ou religioso, o qual deve ser acompanhado da oração, do relaxamento, da concentração e da meditação. Ele promove o silêncio que, na Higiene nas Inteligências, é muito salutar e positiva.

Nosso organismo suporta tranquilamente um, dois ou vários dias sem nos alimentarmos, conforme o tamanho da nossa massa corporal. À vontade ou o desejo de estarmos sempre nos alimentando a toda a hora e a todo o momento pode ser um sinal de algum defeito ou distúrbio psicológico ou psíquico, como a ansiedade.

"Respondeu Jesus a seus discípulos: 'Esta casta de demônios não expulsa senão com oração e jejum'" (Mc: 9, 28-29).

Abnegação (Fortaleza)

Para combater a Avareza que existe dentro do ser humano, há necessidade de cultivar e semear a Abnegação, isto é, a renúncia de um afeto ou de um bem por outro maior e mais santo.

A Abnegação só tem valor e sentido se encarada num plano espiritual e divino, como defrontou Paulo:

"Não sabeis que o vosso corpo é templo do Espírito Santo, que habita em vós, que vos foi dado por Deus, e que vós não sois o senhor de vós mesmos" (1 Cor: 6, 19).

Não é pecado desfrutar daquilo que a civilização e a nossa própria condição social nos proporcionam. O que não se deve é esquecer o fim altíssimo para o qual fomos criados: "Amar ao próximo".

A Higiene nas Inteligências, na Abnegação, transporta palavras de agradecimento, doação e pluralismo, ou seja, NÓS, extinguindo-se o "EU".

"Todos os crentes, viviam juntos e tinham tudo em comum; vendiam propriedades e bens e as distribuíam por todos, conforme cada um precisava. Diariamente, preservando concordamente na frequência ao templo e partindo o pão em suas casas, tomavam juntos o alimento com alegria e simplicidade de coração, louvando a Deus, e tendo o favor de todo o povo" (At: 2, 44-47).

Trabalho Voluntário/Boa Vontade/Sacrifício (Sacrifício)

Trabalho Voluntário/Boa Vontade/Caridade é a tríplice corrente do bem e da ética. É o caminho para a virtude que fazemos sem o objetivo da remuneração, seja ela em forma de pecúnia ou presentes, ou seja, é o Sacrifício em si. Nessa ação voluntária não se necessita estar presente todo o período do dia, mas deverá estar presente em nossas vidas.

A Caridade manda e o próprio Cristo exige que se reconheça no próximo a imagem do próprio Deus:

> *"Em verdade vos digo que tudo o que fizestes a um destes meus irmãos mais pequeninos, a mim fizestes" (Mt: 25, 40).*

> *"Em verdade vos digo que tudo o que não fizestes a um destes pequeninos, nem a mim o fizestes" (Mt: 25, 45).*

O Trabalho Voluntário agrupa o próprio ato e comportamento de Nosso Senhor Jesus Cristo, quando diz que o ser humano é o Senhor do sábado. (Mt: 12, 8).

A Boa Vontade nos liga ao mundo espiritual, isto é, a Deus. Ela, na Higiene, combate a Preguiça e suas pronúncias são palavras de auxílio, de otimismo, de confraternização, de alegria e de esperança.

> *"Quando existe a Boa Vontade, esta é bem aceita em atenção ao que se tem, e não ao que não se tem. Não se trata, pois, de querer que o proporcionar alívio as outras, vos seja causa de penúria; mas aplicando o princípio de igualdade, mas circunstâncias atuais, o vosso supérfluo compensa a sua indigência, para que, por sua vez, o seu supérfluo supera a vossa indigência, de modo que haja igualdade, conforme está escrito: 'A quem muito recolheu, e não sobejou; e a quem recolheu pouco, não lhe faltou'" (2 Cor: 8, 12-15).*

Castidade ou Equilíbrio Sexual/Genital (Temperança)

A Castidade ou Equilíbrio Sexual/Genital é o caminho para a virtude que reprime e combate a Luxúria.

Para combatermos a luxúria há necessidade de oração, jejum e afastar-nos de diálogos e conversações sobre pornografia, erotismo, e tudo que envolve a luxúria (prazer carnal desequilibrado).

A Castidade nos auxilia no não pronunciar palavras sobre esses temas (eróticos e pornográficos) e é a arma necessária para a nossa higienização.

"Quem ama a pureza do coração, pela graça dos seus lábios, é amigo do rei" (Prov: 22, 11).

A Castidade deve ser empregada para os não casados e o Equilíbrio Sexual para os casados. Esse é o caminho para a pureza e a verdade.

Castidade é a preservação das energias sexuais e dos contatos genitais (abstinência).

Equilíbrio sexual/genital é a canalização dessas energias entre marido e mulher, ou seja, utilizar o ato sexual/genital com Amor, e por meio desse prazer comungá-lo para a fortificação simbólica (união) do relacionamento do referido casal. Essas energias são tão fortes e vitais, que conseguem purificar o coração, equilibrar o pensamento e promover falas conscientes.

"Felizes os que lavam as suas vestes, pois terão direito à arvore da vida e entrarão pelas portas, na cidade. Fora os cães, os feiticeiros, os luxuriosos, os homicidas, os idólatras e todos os amadores e obreiros de falsidades" (Apoc: 22, 14-15).

Solidariedade (Esperança)

Inimiga mortal da Inveja, a Solidariedade não se inquieta em observar o alheio, mas se preocupa em auxiliar a quem necessita. É o caminho da virtude que vincula o indivíduo à vida, ou aos extremos dum grupo social, ou de uma nação, ou da humanidade.

A cada atividade solidária, a inveja se enfraquece.

A Solidariedade, para as Inteligências, auxilia na pureza do coração e na manutenção de uma chama acesa em seu interior.

"Como bons dispensadores das diversas graças de Deus, cada um de vós ponha à disposição dos outros o dom que recebeu" (1 Pd: 4, 10).

Estimular, despertar e desenvolver esses caminhos nos leva à virtude, e tal atividade torna-se necessária, para que possamos ser fortes e vigorosos nessa luta contra o diabólico, que quer nos roubar, matar e destruir.

A Educação é um grande sinal da Sabedoria que, referente à Higiene nas Inteligências, nos posiciona num determinado local, mostrando-nos as oportunidades e competências necessárias, para que possamos progredir em nossa caminhada.

"A vós, mortais, eu clamo e dirijo o meu apelo aos filhos dos homens. Ó inexperientes, aprendei a sagacidade; e vós, néscios, adquiris a inteligência. Escutai, pois vou anunciar coisas nobres e abrirei meus lábios para sentenças de retidão. Sempre a minha boca diz a verdade, e os lábios iníquos eu abomino. Todas as minhas palavras são conformes à justiça; nelas não há nada de tortuoso, nem de perverso. Para o inteligente são todas retas, e claras para os que possuem o entendimento. Acolhei a minha doutrina, mas do que a prata; preferi a ciência ao fino ouro; porque a Sabedoria vale mais do que as pérolas e todas as alegrias não se lhe comparam" (Prov: 8, 4-11).

Conhecimento (Ciência)

O livro de Provérbios (3, 13-15) nos fala sobre o Conhecimento:

"Bem-aventurado o homem que encontra a sabedoria, e o homem que adquire conhecimento, pois ela é mais proveitosa do que a prata, e dá mais lucro que o ouro. Mais preciosa é do que os rubis; tudo o que podes desejar não se compara a ela".

O Conhecimento, referente à Higiene para as Inteligências, é a ideia, a informação, a notícia, a ciência e a consciência da própria existência, ou seja, é tudo aquilo que nos auxilia a viver melhor, em equilíbrio e em harmonia.

O conhecimento é assimilado (herança genética) e adquirido durante a nossa vivência aqui na Terra.

Quando nascemos somos constituídos de inúmeras informações transmitidas (herdadas) pelos nossos pais, avós, bisavós, e assim por diante. E, a partir do momento que vivemos, adquirimos outras.

A cada momento na vida, aprendemos algo novo. Algo coberto é desvendado; por isso, há necessidade do estudo.

Estudar, na Higiene, é conhecer os meios pelos quais possamos realizar a limpeza e a purificação dos nossos corpos: material, psicológico e espiritual (teoria com a prática).

O Conhecimento é classificado, segundo a Sabedoria, em: Comum, Científico, Teológico, Filosófico, Artístico e Global.

O Conhecimento Comum, para esta Higiene, é aquele que adquirimos, por meio de orientações que nos são passadas pelas pessoas mais idosas ou experientes. São os conhecidos avisos e conselhos: "prestar atenção nos mais velhos"; "escute mais e fale menos"; "o peixe morre pela boca"; "boca fechada não entra mosca", e outros.

"Nos cabelos brancos está à sabedoria e na longevidade a prudência" (Jó: 12, 12).

O Conhecimento Científico, para esta Higiene, é aquele que, por meio de provas e contraprovas, estudiosos chegam a uma conclusão sobre métodos que promovem o resultado esperado: purificação do coração. É a ciência, conhecida como Psicologia, Psiquiatria, Neurociências, Pedagogia e outras.

> *"Meu filho, se acolheres a minha palavra e entesoures os meus preceitos à prudência; se invocares a inteligência e apelares para a cordura; se a procurares como a prata e a desenterrares como os tesouros, então compreenderás o temor de Deus e chegarás ao conhecimento do Senhor. Porque o Senhor dá a sabedoria e da sua boca se difunde a ciência e a inteligência"* (Prov: 2, 1-5).

O Conhecimento Teológico, na Higiene, é aquele em que, por meio do auxílio divino e bíblico, conseguimos ter forças e ânimo para purificar-nos, mediante as informações reveladas ou interpretadas do universo espiritual.

> *"Deus respondeu a Salomão: "Porque pediste tal coisa e não pediste para ti vida longa, nem riquezas, nem a morte de teus inimigos, mas somente de saberes compreender o direito, eis que faço como pediste; concedo-te um coração sábio e perspicaz, de sorte que jamais houve quem te igualasse, antes de ti, nem depois de ti seguirá outro igual"* (1 Rs: 3, 10-12).

O Conhecimento Filosófico, na Higiene, envolve a nossa capacidade de análise, de verificação, do questionamento quanto ao que é útil ou inútil para o nosso coração, no aspecto do nosso falar ou responder.

> *"Cuidai, pois, diligentemente, como deveis proceder; não como insensatos, mas como homens sábios. Aproveitai bem toda ocasião, porque vivemos em dias maus. Não sejais, portanto, irrefletidos, mas*

trate de compreender bem qual seja a vontade de Deus" (Ef: 5, 15-17).

O Conhecimento Artístico, na Higiene para as Inteligências, engloba todas as maneiras de se expressar pela arte, envolvendo os segmentos da dança, teatro, música, cinema, literatura, pintura, escultura, design e toda a produção individual ou coletiva que agregue a estética (belo).

"Por isso não desanimamos. Embora exteriormente esteja-mos a desgastar-nos, interiormente, estamos sendo renovados, dia após dia" (2 Cor: 4, 16).

O Conhecimento Global, da Higiene nas Inteligências, é aquele que envolve todos os conhecimentos descritos anteriormente ao mesmo tempo, proporcionando-nos uma visão global do que nos ocorre ou possa ocorrer, quando nos utilizamos bem ou mal da nossa fala.

"Naquele momento, exultou Jesus de alegria por virtude do Espírito Santo e disse: 'Louvo-te e agradeço-te, ó Pai, Senhor do céu e da terra, porque escondeste estas coisas aos sábios e aos hábeis, e as revelastes ao simples. Sim, ó Pai, porque isto foi do teu agrado'" (Lc: 10, 21).

Deus nos deu o Conhecimento para que o absorvamos e o pratiquemos, sendo um ato de sapiência para conosco, pois auxilia no nosso equilíbrio material, psicológico e espiritual; quando o ignoramos, tornamo-nos imbecis, ignorantes e fanáticos.

O Conhecimento promove nas Inteligências a ação de apresentar provas que servem para afirmar ou negar um fato (MELHORAMENTOS, 1997).

Para argumentar, ou seja, falar com propriedade e de maneira persuasiva há necessidade de termos acesso a determinado conhecimento, em alguns casos até mesmo o Global, para que a nossa fala seja amparada pela lógica[5], no seu respectivo momento.

A Sabedoria é algo que pode ser adquirido pelo ser humano, mas somente com a permissão do Divino há a possibilidade de propiciar o bem-estar em seus campos vibratórios.

> *"Toda sabedoria vem de Deus e está sempre com ele. A Sabedoria foi criada antes de qualquer coisa e a sábia inteligência desde todos os tempos. A quem jamais foi revelada a raiz da Sabedoria, e os seus desígnios quem os conhece? Um só é o sábio e sumamente terrível, sentado no seu trono: Deus"* (Eclo: 1, 1-8).

Sexo

O Sexo, referente à Higiene nas Inteligências, é o quarto poder do ser humano, no qual se encontra a longevidade e a energia necessária para combater os defeitos psicológicos.

O Sexo não é somente o ato genital (relação carnal), mas também o ato sexual.

O Ato Sexual, referente à Higiene nas Inteligências, é a capacidade do ser humano de controlar e canalizar os seus impulsos hormonais e psicológicos.

No ato sexual, localiza-se: a atração, que pode ser mental, física ou sexual; o gostar; a amizade; e a paixão; bem como os seus contrários: o repúdio ou indiferença; o desgosto; a antipatia; e o ódio, respectivamente.

Controlar e canalizar os impulsos gerados pelos hormônios ou pelo psicológico, nas Inteligências, é saber agir de maneira

---

[5] **Lógica é o ramo da filosofia que cuida das regras do bem pensar, ou do pensar correto, sendo, portanto, um instrumento do pensar.** Podemos, então, dizer que a lógica trata dos argumentos, isto é, das conclusões a que chegamos por meio da apresentação de evidências que a sustentam. Disponível em: https://pt.wikiversity.org/wiki/L%C3%B3gica_Matem%C3%A1tica/Defini%C3%A7%C3%B5es_sobre_L%C3%B3gica_e_L%C3%B3gica_Matem%C3%A1tica. Acesso em: 15 jul. 2023

doce, suave; romântica; de bom grado; excluindo as ações ásperas; rudes; violentas; as quais nos destroem, e principalmente os nossos relacionamentos.

A energia sexual deve ser guardada ao máximo possível, para auxiliar-nos no nosso relaxamento, concentração e meditação; e quando invocarmos ao "Pai" para eliminar os nossos defeitos psicológicos. É dela que será extraída a força vital para o bom combate.

Ao desperdiçarmos aleatoriamente a energia sexual, por meio do estímulo da luxúria, acabamos não tendo a energia sexual necessária para o bom despertar e desenvolver de nossas inteligências; logo, a nossa mente permanecerá impura ou mais contaminada ainda.

"Não vos deixeis seduzir: as más companhias corrompem os bons costumes. Há em alguns de vós ignorância de Deus; para vossa vergonha vô-lo digo" (1 Cor: 15, 33-34).

O Ato Genital (conjunção carnal) deverá ser efetuado exclusivamente entre o casal que se ama, para que a energia produzida por esse ato seja equilibrada e de grande valia para combater os defeitos psicológicos do casal.

Nesse momento, é que a energia vital do sexo trabalha no interior do ser humano e o alivia de suas impurezas.

Claro que, num único ato genital, não se sente tal modificação, mas com a prática se percebe certa mudança, principalmente na fala.

O trabalho com a energia sexual somente tem validade e potencialidade entre casais unidos pelos laços do amor. Se não existir o amor, não se consegue trabalhar com a energia do sexo, ao contrário, trabalha-se com a luxúria.

"O corpo não é para a impureza; ele é para o Senhor, e o Senhor para o corpo" (1 Cor: 6, 13).

A energia sexual promove a limpeza e a higienização do coração, do pensamento e da fala.

"Deus de fato, não nos chamou para viver na impureza, mas na santidade" (1 Tes: 4,7).

O Sexo tem tanto poder sobre nós, que consegue mexer com o nosso corpo, nossas ideias, o nosso pensar, sentir e agir, principalmente naqueles momentos mais íntimos. Ela é uma energia maravilhosa. Além de promover a procriação da espécie, nos dá prazer e auxilia na nossa limpeza interna.

Infelizmente, ela somente funciona como um purificador da alma, quando realizada por casais que se amam. Quando realizado por pessoas que não se amam, ao invés de se purificarem, contaminam-se cada vez mais (luxúria).

A carta de Paulo aos Romanos (6, 9) nos corrige:

> *"Do mesmo modo que oferecestes os vossos membros para serem escravos da imundície e do desregramento, para viverdes na iniquidade, assim agora ponde os vossos membros ao serviço da virtude, para viverdes na santidade".*

Com essa orientação, descrita por Paulo, segundo a Bíblia, há possibilidade de se reverter o quadro em que se encontra tal pessoa, mas, para tal, há necessidade de ela ser forte, ou seja, trabalhar com o quinto poder do ser humano: a Força Psíquica.

Força Psíquica (Poder Mental)

Força Psíquica, referente à Higiene nas Inteligências, é o Poder da Mente ou do Pensamento.

A atuação do Poder Mental (Pensamento) do ser humano promove o fortalecimento das suas estruturas psíquicas (VIPSFAC – Vontade, Inteligências, Prudência, Sabedoria, Força, Amor e Coragem) contra os seus defeitos psicológicos.

"Tu conservarás em paz aquele cuja mente está firme em ti, porque ele confia em ti" (Is: 26, 3).

A Força Psíquica se apoia em quatro grandes colunas: Fortaleza; Adaptação; Imaginação; e Atração (Centro Magnético).

A Fortaleza, referente à Higiene nas Inteligências, é a força mental que envolve a mente nos nossos atos conscientes, inconscientes e semiconscientes, que sentimos, pensamos e pronunciamos.

> *"Quanto ao resto, fortalecei-vos no Senhor e no viger do seu poder. Revesti-vos da armadura de Deus, para poderdes resistir aos assaltos do demônio. Ficai, portanto, preparados, tendo cingida a cintura com a verdade, revestida a couraça da justiça, e calçados os pés com a expediência que dá o Evangelho da paz"* (Ef: 6,10.11.14.15).

Geralmente os nossos atos conscientes não ultrapassam 3% (três por cento); sendo que os restantes 97% (noventa e sete por cento) encontram-se nas esferas dos nossos semiconsciente e inconsciente, onde os defeitos psicológicos predominam.

A Fortaleza tem por objetivo não permitir o avanço dos defeitos psicológicos, ou seja, não permitir que eles atinjam os 100% (cem por cento), e para isso usa um escudo, que protege as três partes conscientes (o Pai, o Filho e o Espírito Santo ou o Pai, a Mãe e o Real Ser) que habitam em nós.

O referido escudo protetor, na mente, é a constante prática da nossa não identificação junto aos eventos que presenciamos.

A Identificação se destaca quando ouvimos alguém falar sobre algum assunto e sentimo-nos bem ou mal com isso, ou seja, nós nos identificamos com o evento.

A Não Identificação ocorre quando nós não nos deixamos abalar ou desequilibrar com a referida conversa ou assunto falado. Mesmo que o tema seja sobre nós mesmos.

Por isso que tal escudo se chama Fortaleza. Porque o ato de não se identificar não é fácil, tampouco simples. Há necessidade de muita vontade, coragem e prática.

A prática se dá, como já descrevemos: na hora de dormir (respiração, concentração e meditação); quando somos atacados por pensamentos sinistros e então solicitamos ao "Pai" que transforme tal defeito psicológico que esteja nos perturbando no referido campo vibratório naquele momento; afastando-nos do ambiente contaminado; ou protegendo nosso umbigo e imaginando situações agradáveis àquele que nos está perturbando.

Devemos lembrar que temos dois ouvidos, ou seja, em um entra a informação e no outro sai, sem que com isso esquentemos a nossa cabeça. Isso é a prática da não identificação.

O defeito psicológico não se cansa de nos perturbar a todo instante. Ele atua sutilmente como uma picada de pernilongo.

Quando a pernilonga pica a nossa pele não sentimos nada, pois ela nos injeta um "sedativo" e suga o sangue necessário. Quando ela já está longe e depois de alguns segundos é que sentimos a coceira.

O defeito é assim. Ele gera um pseudoprazer, mas ao passar a ilusão surge a realidade, e quão triste e danosa ela é.

Observemos o que se passa numa rodinha de amigos ou conhecidos. Sempre há alguém que conta algum fato ou ocorrência com ele. Logo, surge outra pessoa que fala que um evento parecido ocorreu com ela também. E, logo, uma terceira e quarta contando outros fatos, como se os defeitos estivessem disputando qual a melhor história para verificar entre eles quem é o vencedor. E nesse ínterim, essas pessoas estão sendo sugadas, violentadas e mortas em suas consciências por esses demônios, pois numa conversa se encontra de tudo (verdades e mentiras), e "de boas intenções, o inferno está cheio", como diz o adágio popular. Mesmo que estejamos falando somente verdades, estamos sendo manipulados pelos defeitos psicológicos.

COMO DESPERTAR E DESENVOLVER AS NOSSAS INTELIGÊNCIAS

Somente não é atingido aquele ser humano que fala de maneira consciente, com o pensamento equilibrado e o coração puro, ou seja, pela vida espiritual, mas isso é raro ocorrer.

Com a prática eficaz da não identificação, sofreremos poucas influências e sugestões dos nossos defeitos psicológicos e das manifestações externas que queiram prejudicar-nos.

O Salmista (18, 29-32) vangloria o escudo protetor:

> *"Sim, vós, Senhor, conservais acesa a minha lâmpada, vós sois o meu Deus que iluminais as minhas trevas. Confiado em vós corro à luta e graças ao meu Deus escalo os muros. O proceder é inatacável; a palavra do Senhor, acrisolada, escudo é ele, para todos os que nele buscam refúgio. Quem é Deus afora o Senhor? E quem é rocha fora o nosso Deus?"*

A Fortaleza nos auxilia a tornarmo-nos serenos, por meio da não identificação e da sua auxiliar, a projeção mental inversa.

A Projeção Mental Inversa é o trabalho com a Fortaleza, que promove defender-nos de ataques tanto verbais quanto visuais, gerados por outra pessoa ou pelo local que frequentamos.

Quando sentimos ou somos atacados por alguém (palavras), devemos projetar sobre o atacante uma situação inversa a que está sendo apresentada. Devemos despejar sobre ele pensamentos benéficos, equilibrados e amorosos (no aspecto visual); e desejando-lhe sorte e felicitações (no aspecto oral).

Tudo isso para que a nossa mente ou o nosso corpo não sofram as consequências desequilibradas das nossas próprias atitudes mentais e emocionais ao devolver ao atacante a mesma proporção do seu ataque para conosco.

Mas, para isso, necessita-se de muita coragem, pois o que ocorre geralmente é a troca de insultos e agressões verbais. Coragem essa para ter amor e perdão em nosso coração quando somos ultrajados ou agredidos.

*"Sede bondosos uns com os outros; misericordio-
sos, perdoando-vos com facilidade mutuamente,
do mesmo modo que Deus também vos perdoou em
Cristo"* (Ef: 4, 32).

Temos o livre-arbítrio, ou seja, Deus nos deu a oportunidade de escolhermos como queremos viver e conduzir a nossa existência. Para que tenhamos uma vida (material, psicológica e espiritual) próspera e de abundância deveremos saber fazer escolhas, as quais, segundo a Fortaleza, nos imperam ações de não violência.

*"No princípio Deus criou o homem, e o entregou ao
próprio juízo. Ele pôs diante de ti a água e o fogo,
estende a mão para aquilo que desejares. A vida e a
morte, o bem e o mal estão diante do homem; o que
ele escolher, isso lhe será dado"* (Eclo: 15, 14. 17.18).

A Adaptação é a parte do Poder Mental, da Higiene para as Inteligências, que envolve o nosso adaptar-se, isto é, ajustar a nossa fala ao momento que vivenciamos ou convivemos com alguém.

Nós nascemos com os defeitos psicológicos e vivemos com eles durante muito tempo de nossas vidas, principalmente no aspecto do falar. E quando desejamos disciplinar esse ato, há necessidade de uma mudança mental e física para atingirmos esse êxito. Essa mudança se consegue por meio da Adaptação.

A Adaptação, na Higiene, é uma característica da Força Psíquica, que envolve a reeducação.

Reeducar-nos para uma nova existência, mediante a prática da Higiene nas Inteligências, para assim obtermos uma melhora em nossa mente, transformando-a em ações conscientes.

Nós fomos educados em diversos equívocos, um deles foi o de não nos ensinarem como trabalharmos com os nossos defeitos psicológicos no sentido de transformá-los; logo, aca-bamos fortalecendo-os e somos, a todo instante, dominados e manipulados por eles.

A Força Psíquica tem essa capacidade de reeducação, a qual é fundamental para reverter esse quadro desolador.

Nascemos com os defeitos, mas temos instrumentos internos importantíssimos para combatê-los e até transformá-los (Deus), e na pior das hipóteses convivermos com eles, adaptando-nos, sem sermos tão violentamente atingidos.

A segunda carta de Paulo aos Coríntios (4, 16) nos relata sobre a Adaptação humana:

"Por isso é que não nos deixamos bater, mas ainda que o homem exterior se vá desfazendo em nós, o nosso homem interior vai se renovando de dia para dia."

A Imaginação é a faculdade da Força Psíquica humana, referente à Higiene nas Inteligências, de realizar um trabalho na geração de ideias, pensamentos e imagens que podem ajudar-nos no combate ao defeito psicológico.

A Imaginação pode ser trabalhada de duas maneiras:

A primeira é aquela que deve ser empregada quando estamos sendo alvos de falas ou de um ambiente desequilibrado. Utilizaremos a nossa imaginação para transportar-nos mentalmente a outro ambiente equilibrado e seguro, ou seja, imaginaremos que estamos num outro local mais tranquilo e alegre durante a perturbação do referido ambiente ou fala.

"Pois onde estiver o vosso tesouro, aí estará também o vosso coração" (Mt: 6, 21).

A segunda, enviaremos pensamentos harmoniosos às pessoas ou ambientes que possam estar em desequilíbrio. Podem ser pensamentos de imagens calmantes, pacíficas e revitalizadoras, que estejam a circundar as pessoas e o respectivo ambiente perturbado.

"Amados, esta é a segunda carta que vos escrevo. Nas duas cartas procuro despertar pensamentos puros nas vossas mentes" (2 Pd: 3, 1).

O poder imaginativo no ser humano é bastante forte e extenso, podendo ser usado para a sua proteção ou higiene. Imaginar cachoeiras, as águas calmas de um rio ou de um mar, as montanhas e tudo aquilo que faça com que ele se sinta bem e equilibrado, ou seja, que obtenha Paz (Jo: 14, 27).

Muitas pessoas utilizam a sua imaginação para atividades que mais alimentam os seus defeitos psicológicos do que as ajudam a combatê-los. Deve-se, por meio da reeducação, inverter esse quadro e trabalhar com a imaginação para sua própria evolução como um ser humano, e não como um depósito de defeitos.

O Poder Mental, relativo à Higiene, é a atividade que auxilia a mente para a procura do seu equilíbrio e a proporcionar-lhe um bem-estar.

"Não descures o dom que está em ti e que te foi conferido por designação profética com a imposição das mãos do colégio dos presbíteros" (1 Tim: 4, 14).

A Atração (Centro Magnético), referente à Higiene nas Inteligências, é a ação de atrair para nós tudo aquilo que sentimos, pensamos e, principalmente, falamos.

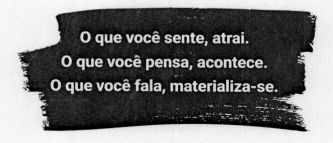

O que você sente, atrai.
O que você pensa, acontece.
O que você fala, materializa-se.

Quando atraímos algo para nós, fazemos por meio do nosso Centro Magnético, o qual está no nosso interior, em algum dos nossos campos vibratórios: mental, emocional, intuitivo, motor ou sexual.

Conforme o local que sentirmos a maior intensidade de vibração, lá atrairá o que desejamos.

O Centro Magnético (Samael Aun Weor, 1950):

"Na medula espinhal existem 7 centros magnéticos. Esses 7 centros estão conectados com os 7 plexos importantes do sistema nervoso Grande Simpático. Nesses sete centros, a Força de Atração se manifesta no ser humano."

"O primeiro centro magnético da medula espinhal é simbolicamente a sede da Igreja de Éfeso, o Poder do sexo (Campo Sexual). O segundo centro corresponde à área prostática. É simbolicamente a Igreja de Esmirna (água) (Campo Motor). O terceiro centro se localiza na altura do umbigo, em relação com o plexo solar. É simbolizado pela Igreja de Pérgamo (fogo) (Campo Intuitivo). O quarto centro da medula espinhal corresponde à área cardíaca. Esse é simbolizado pela sede sagrada da Igreja de Tiatira (sangue) (Campo Emocional). Esses são os quatro centros magnéticos inferiores do templo humano. A torre do templo é o pescoço e a cabeça (Campo Mental). Na torre existem três centros superiores. O quinto centro é simbolizado pela Igreja de Sardes. Essa é a Igreja do Verbo (Espírito Santo). Sem Ele não existiria o som. A energia sexual se torna criadora com a palavra. O sexto centro magnético se relaciona com a área frontal. Esse é simbolizado pela Igreja de Filadélfia. A energia do sexo abre esse centro e o ser humano se torna clarividente, podendo assim ver a natureza invisível (Filho). O sétimo centro magnético é simbolizado pela Igreja de Laodiceia, situado na glândula pineal. É a onisciência presente (Pai)."[6]

---

[6] Texto adaptado pelo autor (original: www.esoterikha.com).

Quando sentimos uma vontade de algo, e o sentimos verdadeiramente, ou seja, profundamente em nosso interior, ao passar do tempo isso é atraído para nós e vivenciamos a realização da referida vontade.

Tudo o que sentimos de maneira forte e emocionante cria uma determinada energia, a qual, pela ação da atração, puxa para nós e a vivenciamos.

Independentemente de sentirmos vontades equilibradas ou desequilibradas, essa energia as atrairá para nós. Melhor é sentirmos vontades agradáveis e equilibradas.

A Lei da Atração não é boa ou má, justa ou injusta. Ela apenas atrai aquilo que sentimos com muita intensidade.

Devemos orar e vigiar, para sabermos o que realmente sentimos, para evitar que atraiamos perturbações ainda maiores até nós.

"Finalmente, sede todos de um mesmo sentimento, compassivos, cheios de amor fraternal, misericordiosos, humildes" **(1 Pd: 3, 8).**

O nosso pensamento (campo mental – há três centros magnéticos), pela Lei da Atração, faz acontecer as nossas íntimas vontades.

Acontecer é realizar-se inopinadamente (sem opinião de alguém); passar a ser realidade; ocorrer; suceder; é a realização de algo (AURÉLIO, 2006, p. 8).

Quando pensamos (pensamentos equilibrados ou não), lançamos ao universo o nosso pedido mental (oração). Todas as vezes que pensamos, oramos.

Orar é falar. O pensamento é uma fala somente audível para o pensante.

A audição humana somente capta os sons entre 20hz e 20Khz. Uma onda sonora tem um ciclo que compreende o intervalo entre dois picos ou dois vales.

> *1 Hertz (Hz) é igual a 1 ciclo/segundo. Logo, 20Hz = 20 ciclos por segundo e 20 Khz = 20 mil ciclos por segundo. O nome Hertz é uma homenagem ao físico alemão Heinrich Rudolf Hertz, que fez algumas importantes contribuições para a ciência no campo do eletromagnetismo.*

> *Entendendo que quando falamos 60Hz estamos falando em frequência, ou seja, a cada segundo acontecem 60 ciclos, sabemos agora que o ouvido humano é sensível a frequências de 20 Hz a 20Khz. Isso é o mais grave que o ouvido do homem consegue escutar. Abaixo disso fica tão grave que não se escuta mais. E 20 Khz é o mais agudo que o ser humano consegue escutar. Acima disso fica tão agudo que você não escuta mais. Com isso, compreendemos que a faixa de frequência do ouvido humano é de 20hz a 20Khz (WNEWS, 2006).*

Os nossos pensamentos, que permanecem entre 20hz e 20Khz, podemos escutá-los.

Ao pensarmos, estamos querendo (consciente, semiconsciente e inconscientemente) que esse ato aconteça. E o universo responde a nossa oração: "O seu pedido é uma ordem"[7].

Por isso, quando tivermos pensamentos desequilibrados (defeitos psicológicos atuantes), devemos imediatamente recorrer a Deus e solicitarmos que Ele transforme esses perturbadores em virtudes, para que não aconteça o que pensamos e soframos com isso futuramente.

"Pai, em Nome de Nosso Senhor Jesus Cristo, transforme este pensamento em virtude e me dê compreensão".

---

[7] Jargão utilizado pelo Gênio na obra *Alladin e a lâmpada mágica*.

Isaias (55, 7) nos orienta:

"Deixe o ímpio o seu caminho, e o homem maligno os seus pensamentos. Converta-se ao Senhor, que se compadecerá dele, e torne para o nosso Deus, pois grandioso é em perdoar".

O nosso pensamento junto com o nosso sentimento é um instrumento de materialização.

Materialização é o resultado obtido da transformação do abstrato (ideia/sentimento/pensamento) em concreto pela nossa própria potencialidade, ou seja, o que falamos ocorrerá realmente.

O que provém da fala (abstrato) vem do coração (sentimento-atração), passa pelo pensamento-emoção (realização) e gera a materialização (resultado concreto).

Os anjos dizem "Amém" a tudo que falamos (1 Pd: 1, 12).

Quando escrevemos que pagamos por aquilo que falamos, podemos dar um tom de punição ou castigo àquilo que se fala, mas, ao contrário disso, ocorrem também as bem-aventuranças produzidas pela fala, ou seja, tudo aquilo que falamos de prosperidade para conosco ocorre também.

Quando desejarmos ter uma vida de prosperidade e abundância, poderemos tê-la imediatamente. Basta começarmos a trabalhar com a Atração, no seu aspecto construtivo e lutarmos contra os pensamentos-sentimentos e falas destrutivas.

Procuremos, por meio da nossa fala, produzir e construir um presente e um futuro melhor e afastarmo-nos do nosso passado cruel, pobre e doente, esquecendo-o.

Comece hoje. Agora mesmo. A imaginar, a sentir profundamente e a falar palavras de agradecimento, prosperidade e abundância.

Pela Atração, referente à Força Psíquica, tudo o que desejamos poderemos ter. Não devemos deixar o ladrão (defeito psicológico) nos roubar, matar e destruir. Devemos estar junto ao

Nosso Senhor Jesus Cristo (Consciência) para termos tudo o que for possível, em abundância, para as nossas vidas (Jo: 10, 10).

A Força Psíquica, sobre essas quatro colunas (Fortaleza, Adaptação, Imaginação e Atração), consegue dar-nos mais instrumentos práticos, os quais são necessários para a purificação do nosso coração.

Memória

A Memória, referente à Higiene nas Inteligências, representa a estrutura da Atitude, que promove a capacidade do ser humano em armazenar tudo aquilo que pode ser útil para ele em sua higienização cardíaca, ou seja, na purificação do seu coração.

Sem a Memória, a existência humana seria vã, pois a dificuldade de viver seria imensa.

Existem vários tipos de memória, os mais conhecidos são: Ativa; Passiva; Consciente; Semiconsciente; Inconsciente; Temporária; Permanente; Pura; de Costume; Imediata; Remota; Mecânica; Lógica; e Viciosa; cada qual, com a sua especificação e objetividade (DANTAS,1990, p. 135).

A Memória auxilia em muito no trabalho da Higiene, pois ela carrega em si as compreensões e entendimentos da pessoa, para que não ocorram os mesmos erros, novamente e repetidamente.

"Em verdade vos digo que, onde quer que este evangelho for pregado em todo o mundo, também será referido o que ela fez, para memória sua" (Mt: 26, 9-13).

Para se conquistar um pensamento equilibrado há necessidade de uma memória vivaz.

"Guarda o teu coração com toda a cautela porque dele procede a vida" *(Prov: 4, 23).*

Potência

Potência é a estrutura da Atitude, da Higiene nas Inteligências, que trabalha na realização ou materialização do pensamento, ou seja, torná-lo concreto.

Potencialidade é a faculdade que nós temos para concretizar o que desejamos ou sonhamos. Ela atua por meio das nossas Virtudes e Valores Sociais. Quanto mais potentes formos, mais eficazes e eficientes nos tornamos, conseguindo assim a obtenção do sucesso na nossa Higiene Linguística.

Virtude é a disposição firme e constante para a prática do bem. Qualidade própria para produzir certos efeitos (AURÉLIO, 2006). Em sentido teológico, é um hábito que aperfeiçoa as potências do espírito, levando-o a bem agir.

Nunca deverão ser proferidas palavras contra as Virtudes ou aos Valores Sociais.

> *"Nas muitas conversas não faltará o pecado, e o que refreia os seus lábios é sábio. A boca do justo é prata finíssima, mas o coração dos ímpios vale bem pouco. Os lábios dos justos nutrem a muitos, mas os estultos morrem por falta de entendimento"* (Prov: 10, 19-21).

O despertar e o desenvolvimento das virtudes, bem como dos valores sociais, auxiliam em muito nas Inteligências. As virtudes que devem ser trabalhadas são: as Teologais: Fé, Esperança, Caridade (1 Cor: 13,13); e as Cardeais: Temperança, Prudência, Justiça, Fortaleza (Is: 11, 2).

> *"Irmãos, tudo o que é verdadeiro, tudo o que é honesto, tudo o que é justo, quanto é puro, quanto é amável, tudo o que é granjeia bom nome, tudo o que é virtuoso e tudo o que é digno de louvor, seja objeto dos vossos pensamentos"* (Fp: 4, 8).

Cada uma dessas virtudes promove dentro do nosso coração a transformação necessária, para sermos novos seres humanos.

Quando essas virtudes não são praticadas no nosso coração, fugimos de ser seres humanos, tornando-nos agregados de defeitos, ou seja, animais intelectuais que sentem, agem e pensam, mas de maneira instintiva e egocêntrica, denotando suas falas na seguinte oração: "Ema, ema, ema, cada um com o seu problema!".

Valor Social é a característica maior de um ser humano junto ao seu grupo e ambiente social a promover a harmonia de todos.

Os Valores Sociais, referentes à Higiene nas Inteligências, promovem que o ser humano, por meio de sua fala, faça parte e organiza-se junto a uma sociedade. Eles podem ser: Éticos, Morais e Capitais.

Os Valores Éticos, na fala, são aqueles que promovem o bem-estar da própria pessoa, a estender-se ao seu semelhante e ao ambiente em que vive. Eles agrupam: a Vida, o Amor, a Dignidade, a Verdade e a Justiça.

O caminho para a purificação do coração do ser humano torna-se viável quando é real a prática das Inteligências (fala) sob esses valores.

"Uma língua saudável é árvore da vida, mas a língua enganosa esmaga o espírito" (Prov: 15, 3).

Os Valores Morais, nas Inteligências, são aqueles que promovem a organização social da pessoa, a qual trabalha com a disciplina, com o limite e a condução para o caminho da higienização nas Inteligências. Eles são herdados pela família, escola e/ou trabalho.

"Feliz o homem que não pecou pelas suas palavras, que não é atormentado pelo remorso do pecado" (Eclo: 14, 1).

Os Valores Capitais (dinheiro) são aqueles conquistados por meio do trabalho. Eles envolvem: a <u>Profissão</u>, o <u>Compromisso</u> e os <u>Bens Adquiridos</u>.

"A língua falsa prejudica aquele a quem ela tem maravilhado, e a boca lisonjeira obra a ruína" **(Prov: 26, 28).**

A Potência, na Higiene, possibilita-nos a nossa distinção entre os demais seres humanos.

Vivemos num mesmo corpo, onde se encontram três características distintas: a mente, o físico e o espírito.

A atuação maior e mais predominante é da mente e do físico. Às vezes, a mente deseja algo, mas o físico repudia (iniciar um regime na segunda-feira: a mente está muito ansiosa, o físico não suporta e acaba o regime na terça-feira de manhã); outras, o físico quer algo, mas a mente não deseja fazê-lo, tampouco pensar sobre o mesmo (o físico quer resolver um problema, a mente foge, dorme ou pensa em outro assunto). Quando a mente e o físico têm uma determinada afinidade, a situação parece melhorar e acaba a dar certo.

O espírito permanece no meio, a sofrer os "choramingos" da mente, quando o físico não suporta fazer tal coisa, ou as "frustrações" do físico, quando a mente não cria nada para ajudá-lo.

A Atitude promove o autoconhecimento, o autocontrole e proporciona a organização e limpeza inicial dos nossos corpos (material, psicológico e espiritual), para que possamos administrar conscientemente nossos pensamentos-sentimentos, e não sofrermos tanto com o desequilíbrio, provocado pelos nossos defeitos psicológicos, por meio da nossa fala.

Esse trabalho, na Higiene para as Inteligências, necessita também da prática no aspecto do Comportamento, ou seja, às

Comportamento

O Comportamento, segundo a Higiene nas Inteligências, é a maneira de se comportar, e também de: <u>Admitir</u> (Jó: 22, 22); <u>Permitir</u> (Hb: 6, 1-3); <u>Suportar</u> (Tg: 1, 12); <u>Conter-se em si</u> (Prov: 25, 28); <u>Portar-se bem</u> (Hb: 13, 18); e <u>Proceder</u> (Tg: 3, 10).

"Da mesma boca procedem à benção e maldição. Meus irmãos não convêm que isto seja assim".

Quando uma pessoa é sensibilizada por palavras que a perturbam, pode ocorrer por parte dela uma <u>Ação</u> ou <u>Reação</u>, não somente por palavras, mas também por gestos e agressões físicas. Às vezes, as pessoas por não terem uma <u>Proteção Física</u> e uma auto-observação constante, deixam que os seus membros superiores ou inferiores ou até mesmo a cabeça, literalmente, reajam às palavras ofensivas captadas por seus ouvidos.

Ação

A Ação, referente à Higiene nas Inteligências, é o Comportamento de atuar, ou seja, é o resultado da aplicação de uma força, a possibilitar a execução de algo. Ela pode ser: <u>Voluntária</u>, <u>Involuntária</u> e <u>Omissa</u>.

"Agora emendai os vossos caminhos e as vossas ações, e ouvi a voz do Senhor vosso Deus. Então se arrependerá o Senhor do mal que falou contra vós" (Jer: 26, 13).

A Ação Voluntária, nesta Higiene, é aquela em que a pessoa faz algo, independentemente de preceitos legais ou morais. Ela pode ser originada por: <u>Impulso (instintivo)</u> ou <u>Vontade Própria</u> (racional/emocional).

O Impulso ou Insensatez é o tipo de ação voluntária que provém do instinto do ser humano; muitas vezes, seu resultado o coloca numa situação-problema.

O nosso instinto, dominado pelos defeitos psicológicos, faz com que tenhamos uma postura de impulsividade ou insensatez, devido à busca frenética pelo prazer ou pela vantagem. Vivenciamos vários momentos de abalo emocional ou psicológico, que nos conduzem a agir de maneira "animalesca" e a gerar situações presentes e futuras desconfortáveis para conosco, ratificando o dito popular: "Quando a cabeça não pensa, é o corpo que sofre as consequências".

> *"Outrora nós também éramos insensatos, desobedientes, extraviados, servindo a várias paixões e prazeres, vivendo em malícia e inveja, odiosos e odiando-nos uns aos outros. Mas quando apareceu a benignidade de Deus, nosso Salvador, e o seu amor para com os homens, não por obras de justiça que houvéssemos feito, mas segundo a sua misericórdia, ele nos salvou mediante a higiene da regeneração e da renovação pelo Espírito Santo, que ele derramou ricamente sobre nós, por meio de Jesus Cristo nosso Salvador, a fim de que, justificados por sua graça, sejamos feitos seus herdeiros segundo a esperança da vida eterna. Fiel é a palavra. E que a proclamem com firmeza, para que os que creem em Deus procurem aplicasse às boas obras. Estas coisas são boas e proveitosas ao homem. Mas evita questões tolas, genealogias e contendas, e debates acerca da lei, porque são coisas inúteis e vãs"* (Tt; 3, 3-9).

Na Higiene, a Vontade Própria é a Ação Voluntária movida pelo querer da própria pessoa, ou seja, ela faz por dolo para atingir o seu objetivo.

Dolo, segundo o Código Penal Brasileiro, é quando alguém deseja ter o resultado de algo que realiza (BRASIL, 2023).

O ser humano pensa, sente e age sem se importar se é legal, moral ou ético o seu comportamento, ou seja, faz por pura vontade, sem se preocupar com os resultados de sua pronúncia. Às vezes, tem noção do que faz; outras, não. Ele age por agir.

Paulo em sua carta aos Efésios (4, 29) nos corrige, quanto ao falar:

"Que nenhuma palavra imoral saia de vossa boca, mas tão-somente alguma que seja boa, apta para edificar, quando for preciso, a fim de fazer bem àqueles que ouvem".

A Ação Involuntária é aquela que praticamos, mas, na realidade, não queríamos fazê-la. Nós agimos, mas no íntimo não queríamos fazê-lo; porém, por culpa ou algum tipo de distúrbio mental, acabamos realizando **ações involuntárias**.

Culpa, segundo o Código Penal, é quando uma pessoa não deseja provocar algo, mas acaba, por negligência, imperícia ou imprudência, gerando tal ocorrência (BRASIL, 2023).

"Aquele que responde antes de ter ouvido é fatuidade e vergonha para ele" (Prov: 18, 13).

A Omissão é a Ação de não agir diante da necessidade de agir.

Na Higiene, constitui-se no nada dizer, quando se deve necessariamente falar. A pessoa nada fala, não por sabedoria, mas por medo de sofrer alguma retaliação.

Há pessoas que, por medo, se calam e veem um inocente sofrer as penas da injustiça.

A omissão é abominável por Deus (Sab: 4, 19):

"Os ímpios serão um cadáver desprezível e um objeto de escárnio para sempre entre os mortos; porque o Senhor os precipitará mudos e de cabeça para baixo,

arrancá-lo-á dos fundamentos; sofrerão ruína extrema e serão presas da dor, e sua lembrança perecerá".

As ações sempre existirão, pois elas são os motores da vida. Em contrapartida, toda pessoa que recebe uma ação provoca uma ação ao contrário, conhecida por Reação.

"Antes de falar, informa-te" **(Eclo: 18,19).**

Reação

A Reação, referente à Higiene para as Inteligências, é o Comportamento de reagir de maneira adequada, sábia, equilibrada, diante de uma recepção de uma ação, que, na maioria das vezes, surge desequilibrada.

Quando o ser humano recebe uma ação equilibrada, é simples a sua reação, a qual será emitida na mesma intensidade de energia; mas, quando se recebe uma carga violenta ou sinistra, há necessidade de se utilizarem os métodos de defesa, já descritos anteriormente, para não provocar danos maiores a si e a outrem.

Reagir equilibradamente é bastante difícil, por isso, as práticas de Higiene nas Inteligências devem ser exercitadas constantemente, para que nesse momento de ataque estejamos protegidos.

Quando não praticamos a Higiene nas Inteligências, acabamos cedendo à ação desequilibrada e a enviar mais desequilíbrio ainda; com isso, o caos predomina em nós, no nosso semelhante e no ambiente que vivenciamos.

Todas as pessoas reagem a algo e de maneiras diferentes, pois é uma Lei Física, mas a reação pode ser equilibrada e do bem.

"Buscai o bem, e não o mal, para que vivais. Então o Senhor dos Exércitos, estará convosco, como dizeis" (Am: 5, 14).

"Não retribuas mal por mal, nem injúria por injúria, ao contrário, respondei bendizendo, pois a isto fostes chamados, a conseguirdes a benção" (1 Pd: 3, 9).

A Reação (equilibrada ou desequilibrada) de uma pessoa demonstra como está a reeducação de sua Atitude e Comportamento, conforme as suas práticas na Higiene na Inteligência. Quanto mais ela praticar a Higiene, maior será o seu grau de equilíbrio em suas Reações.

Sabedores que somos que o silêncio é a grande defesa de um ataque; também há outro exercício de grande valia para a canalização dessas energias recebidas (verbais, não verbais, pensamentos e gestos), que também deve ser utilizado. Quando somos acometidos por pessoas ou vibrações desequilibradas, além de proteger nosso umbigo e irradiar sobre elas pensamentos harmoniosos, deveremos, após sair daquele ambiente conturbado ou da presença da referida pessoa ofensiva, permanecer sozinhos num ambiente neutro e executar os seguintes passos:

Refrigeração

Ao sermos atingidos por pessoas desequilibradas (falas, gestos ou expressões), deveremos lavar o nosso rosto, a nuca, os pulsos e se possível um pouco a cabeça com água até sentir o frio da mesma; e também beber um pouco de água. Isso auxiliará a reverter a temperatura que estamos e esfriar a nossa cabeça e o corpo literalmente.

Respiração

Após a refrigeração, deveremos inalar pelo nariz e exalar pela boca o ar, da maneira mais calma possível, parando somente quando conseguirmos ouvir a nossa respiração.

Projeção

O próximo passo será a utilização de nossa imaginação.

Depositaremos todas essas cargas desequilibradas que estão nos envolvendo numa caixa.

A cada respiração deveremos imaginar que estamos abrindo a referida caixa e pela nossa exalação do ar (boca) colocaremos nela a energia que nos envolve, até sentir que estamos aliviados.

Quando sentirmos que estamos aliviados, fecharemos e apanharemos a caixa (mentalmente) e a conduziremos, por meio de nossa imaginação, para o calvário de Jesus Cristo e aos pés da sua cruz deixaremos a caixa.

Retornaremos o nosso pensamento a nós, esquecendo totalmente dessa imaginação.

"Vinde a mim todos os que estais cansados e sobrecarregados, e eu vos aliviarei" (Mt: 11, 28).

Esse exercício de Reação deverá ser feito após sermos atacados por alguém. Sendo que poderá ser executado, caso não haja local adequado no momento, ao deitarmos (à noite) para dormir.

A realização de tantos exercícios pode tornar-se um pouco complexa e até desanimadora, mas devemos sempre lembrar que: "Pagamos por aquilo que falamos", e se não quisermos pagar nada (no sentido de dramas), deveremos procurar o equilíbrio tanto na mente como no nosso corpo, estendendo-se ao ambiente que frequentamos (ALABARCE, 2019).

Como o nosso corpo é que sofre todos esses bombardeios externos e alguns internos, há necessidade de fortalecê-lo, a fim de ele suportar todas essas cargas.

Para tanto, há necessidade de se realizar também algumas atividades comportamentais, para auxiliar nesse fortalecimento, ou seja, adquirirmos uma Proteção Física.

Proteção Física

A Proteção Física é um conjunto de ações que promovem o bem-estar material, psicológico e espiritual do ser humano. Ela pode ser conquistada ou adquirida por meio da valorização da autoestima, a qual é obtida pela prática das seguintes atividades: Exercícios Físicos; Dieta; Lazer (*Hobby*); Asseio Físico; Trabalho; Férias; e Consulta Médica.

A Autoestima é o valor que damos a nós mesmos. Está abaixo do amor-próprio, que é um sentimento.

"O coração alegre faz bem ao corpo" (Prov: 17, 22).

Exercícios Físicos

> *"Não sabeis que sois templo de Deus e que o Espírito de Deus habita em vós? Se alguém profanar o templo de Deus, Deus o castigará. Porque sagrado é o templo de Deus, e tal templo sois vós"* (1 Cor: 3, 16-17).

Exercícios Físicos ou a prática da educação física é a atividade essencial para manter o equilíbrio do nosso corpo e mente, propiciando a canalização das nossas energias, ou seja, fazendo com que o nosso corpo fique revigorado e as suas energias "pesadas" sejam transformadas e exaladas pela transpiração. Assim, propiciamos nossa renovação energética, tornando o nosso corpo mais saudável, resistente e com a coordenação motora mais ativa.

São diversos os exercícios físicos que podemos realizar, o importante é a prática constante deles: alongamento; caminhada; pedalada; corrida; salto; pescaria; esquiar; natação; surfe; dança; ginástica aeróbica etc., sendo importante a manutenção do corpo em atividade, trabalhando os nossos músculos e a nossa elasticidade diariamente.

Antes de qualquer atividade física é bom realizarmos um bom alongamento e também, conforme a prática esportiva escolhida, passarmos por um exame médico.

Dieta

"Meu filho, no teu sustento prova-te a ti mesmo e vê o que é nocivo e não to concedas; porque nem tudo é útil para todos e nem toda pessoa se compraz em qualquer alimento: Não sejais ávido de toda a delícia, nem te precipites sobre toda a iguaria" (Eclo: 37, 30-32).

A Dieta é a base da sobrevivência do ser humano. Sem ela, pouco tempo duraria a sua existência.

Para o aspecto da Higiene nas Inteligências, referente ao Comportamento, a Dieta é tudo aquilo que ingerimos e que nos propicia benefícios físico e mental. Para tal, há necessidade de procurarmos alimentarmo-nos com produtos naturais e saudáveis; e não consumirmos produtos que produzem alterações metabólicas, como drogas, remédios controlados e bebidas fortes.

Uma alimentação à base de legumes, verduras, frutas é a mais recomendável. Acompanhada com certo cuidado no consumo de carboidratos e proteínas e uma dieta controlada das gorduras, frituras, açúcares e sal.

A atuação do defeito psicológico causa um terrível dano ao corpo material, pois libera os radicais livres, os quais são "terríveis" para o organismo humano. E para combatê-los, há necessidade de uma dieta básica ou complementar de frutas frescas, legumes, verduras, e uma taça de vinho regularmente.

Já no consumo líquido, deveremos beber muita água potável e sucos naturais. Controlar ou evitar o consumo de bebidas alcoólicas, principalmente as destiladas.

O consumo de vitaminas e proteínas (cápsulas) somente deverá ocorrer sob supervisão e orientação médica, para não provermos descontrole do nosso organismo.

Os seres humanos devem saber que são o que comem. E sua dieta irradia e manifesta-se nos campos: mental, emocional, intuitivo, motor e sexual.

Uma prova disso é a célebre frase: "Mau humor e cara feia são sinais de fome ou sono".

Se desejarmos ter um comportamento saudável e assim auxiliar no nosso objetivo maior, que é o coração puro, nós deveremos equilibrar-nos, procurando o ponto médio entre a gula e o jejum: a Prudência.

Outro tipo de alimento para o nosso organismo é o Sono.

O livro de Eclesiástico (31, 23) nos orienta para a dieta e sono saudáveis:

> *"Dor e insônia, tormento e cólicas, e rosto transtornado acompanham ao homem intemperante. Sono saudável ainda com um estômago moderado, e levanta-se de manhã com boa disposição".*

Sono

O Sono ou o descanso é algo divino e vital para o ser humano. A ausência dele provoca abalo no seu sistema nervoso, deixando-o desgastado, irritado, provocando danos terríveis à prática da Higiene na Inteligência.

O Sono, não confundir com o sonho, é o alimento que o organismo necessita para recuperar-se do período em que esteve atuante.

Até Deus descansou (Gên: 2, 3):

"Havendo Deus acabado no sétimo dia a obra que fizera, descansou nesse dia de toda a obra que tinha feito".

O período adequado para descansar o corpo humano depende de pessoa para pessoa, mas especialistas dizem que se dá em torno de seis a oito horas de descanso por dia. O importante é a prática do relaxamento, e com isso conseguir ter um bom sono, seja em qual período for, haja vista que muitas pessoas trabalham em horários diversos.

O bom sono provém do relaxamento. Quando executado adequadamente, como mencionamos anteriormente: desligando-se do mundo material em que se vive, ou seja, deixando as ocupações e preocupações, problemas ou qualquer assunto que tente mantê-lo acordado de lado, nesse período sagrado do descanso.

> *"Quando te deitares não terás medo; repousarás e suave será o teu sono. Não terás que temer repentinos pavores, nem o infortúnio reservado aos ímpios, quando vier; porque Deus será o teu apoio e preservará o teu pé da captura"* (Prov; 3, 24-26).

Dormir demais não significa dormir bem ou descansar o corpo. Muitas vezes, acaba por prejudicar a nossa saúde. Não são longas horas de sono que nos reenergizarão, e sim a qualidade do nosso sono.

"Não ames o sono para não empobreceres, abre os olhos e terás pão em abundância" (Prov: 20, 13).

Outra forma de alimentação é a Oração.

A oração é um grande alimento para o espírito, logo para o corpo material e psicológico.

Oração

A Oração, na Alimentação, é a parte da Proteção Física da Higiene nas Inteligências, que envolve os dizeres que a pessoa pronuncia em particular ou em público a Deus.

> *"Não sejais inconsiderado com a tua boca, nem o teu coração se apresse a proferir palavras diante de Deus, porque Deus está no céu e tu na terra; por isso sejam poucas as tuas palavras. Dos muitos cuidados*

provém o sonho, e vozes de néscios, da abundância das palavras" (Ecl: 5, 2-3).

A Oração pode ser direta: quando se refere ao assunto da própria pessoa; indireta, quando se refere a alguém; e de agradecimento ou petição, quando se faz um pedido ou um voto. Ela pode ser executada na forma de Louvor ou Confissão.

O importante da Oração é fazê-la após uma reflexão do que se agradece ou solicita, para que o poder emanado de suas palavras realize o que realmente deseja.

Às vezes, nós rezamos ou oramos e pedimos tantas coisas que acabamos, nós mesmos, não sabendo o que realmente queremos, e, por fim, não obtemos nada.

O Evangelho de Mateus (20, 3-34) nos fala dos cegos de Jericó:

> *"Dois cegos estavam assentados à beira do caminho, e quando ouviram que Jesus passava, clamaram: Senhor, Filho de Davi, tem misericórdia de nós! A multidão os repreendia para que se calassem, mas eles clamavam cada vez mais alto: Senhor, Filho de Davi, tem misericórdia de nós! Jesus parou, chamou-os e perguntou-lhes; 'Que queres que vos faça?' Responderam-lhe: Senhor, que os nossos olhos se abram! Movido de compaixão, Jesus lhes tocou os olhos. Imediatamente recuperaram a vista e seguiram-no."*

Os cegos de Jericó criam que orando em alto tom seriam socorridos, mas foi pelo pedido direto e imperativo que eles obtiveram o seu êxito.

Tanto no agradecimento como na petição, as palavras da Oração devem ser diretas e imperativas. Nada de delongas ou rodeios. Por isso, a necessidade da reflexão, antes da Oração, para saber realmente o que se deseja fazer.

Refletir sobre o que realmente quer agradecer e o que quer pedir, para que as súplicas sejam verdadeiramente eficazes. Há necessidade de crermos fielmente no que agradecemos e pedimos.

Antes de conversarmos com Deus, precisamos saber o que realmente queremos, para não gritarmos desesperadamente como os dois cegos de Jericó.

Imagine que você que está lendo este livro. Se Deus parasse na sua frente e falasse para você: "O que você quer?"

Viu como é difícil! Nós pensamos que rezamos e oramos, mas no fundo somente gastamos saliva. O importante e muito importante é conversarmos com Deus, mas com propriedade, sinceridade, honestidade e verdadeiramente.

Não adianta mentirmos ou enganarmos a Deus. É perda de tempo.

Devemos utilizar palavras curtas e diretas. Como, por exemplo: "Deus me dá tal coisa, mas seja feita a Vossa vontade e não a minha"; ou "Deus, obrigado por tudo!".

E não deve ser diferente, porque, devido ao nosso imenso número de defeitos psicológicos, acabamos pedindo um monte de coisa ou algo, e esse algo acaba atrapalhando-nos, devido a nossa impureza cardíaca e pensamentos desequilibrados.

Quantas pessoas pediram um carro a Deus e conseguiram-no, e acabaram desgraçando a sua vida ou de alguém. E assim por diante.

Devemos pedir sempre (Mt: 7, 7), mas complementando com a oração: "seja feita a Vossa vontade e não a minha"; pois Deus sabe o que é melhor para nós.

Como o próprio Jesus nos disse que Ele sabe o que nós pensamos realmente (Mt: 6, 6).

A Oração é uma forte alimentação à vida do ser humano e um auxílio em sua Higiene nas Inteligências.

"Se alguém, sem refrear a língua, mas iludindo-se no seu coração, se julga religiosa, é vã a sua religião" (Tg: 1, 26).

A Oração, no sentido do Louvor, é a faculdade da Ação em trabalhar a fala para a sua realização adjunta a Deus.

Na Higiene, o louvor pode ser realizado, por meio mental, oral e cantado; a propiciar um alívio ou harmonia em nossos campos vibratórios (mental, emocional, intuitivo, motor e sexual), revitalizando-nos, e assim realizar uma limpeza interna e psíquica, tornando-nos eficazes contra os nossos defeitos psicológicos.

O Louvor (Oração Mental) é aquele que é produzido individualmente. Mesmo estando num ambiente coletivo, pronunciamos as palavras da oração num tom baixo.

O Louvor (Oração Oral) é aquele produzido, geralmente num ambiente coletivo, onde expressamos de forma audível e nossas palavras são percebidas por outras pessoas. Há locais que ocorrem a exaltação da fala, como uma maneira de descarregar energias.

Tanto a pronúncia baixa (mental) como a alta (oral) têm o mesmo resultado, sendo que cada pessoa deve procurar aquela em que se sinta melhor para a sua Higiene nas Inteligências, propiciando-se um bem-estar material, psicológico e espiritual.

O Louvor (Oração Cantada) é aquele em que se utiliza da música e de instrumentos musicais (se houver) para ser realizado. Por meio dos cantos (falas musicais), exalta-se a Deus e pronunciam-se palavras equilibradas e harmônicas, propiciando a nossa Higienização.

Quando estamos higienizados, sentimo-nos mais leves, sadios, curados e com um grande bem-estar, no nosso corpo material, psicológico e espiritual.

"O Senhor me deu em minha recompensa uma língua; e com ela mesma O louvarei" **(Eclo: 51, 30).**

Para esses três tipos de Louvores, pode-se utilizar a manifestação do corpo (dançar, mexer-se, bater palmas etc.), como uma ginástica. Isso auxilia na coordenação do corpo e refrigeração da mente, provocando o desprendimento de cargas elétricas em excesso e causando um alívio no nosso organismo.

Nós somos formados de átomos, logo temos inúmeras cargas elétricas dentro do nosso corpo. E isso pode ser observado quando estamos cansados ou agitados.

Quando estamos agitados, possuímos carga positiva em excesso em nosso organismo, e para nos equilibrarmos, necessitamos retirá-las, e para tal, precisamos fazer exercícios físicos ou andarmos descalços pelo chão.

O solo desprende naturalmente muitas cargas negativas. E sabemos que as cargas opostas se atraem, logo, o excesso positivo que temos em nosso corpo será atraído para o solo, e assim nós nos sentiremos mais aliviados.

Quando estamos cansados e desanimados, o trabalho é o contrário. Nesse momento estamos com excesso de carga negativa e necessitamos liberá-la. Destacamos o toque (tato) e o convívio com outras pessoas.

Ao toque, expomos: a <u>massagem</u>, o <u>abraço</u>, o <u>carinho pelo tato</u>, o <u>próprio ato sexual</u>, o <u>beijo</u> (labial). Mas em específico, referente à Oração, a elevação do pensamento a locais de concentração de energia, como, por exemplo: cachoeiras, mares, cascatas, furacões.

Para a realização dessa ação, devemos sentar-nos ou deitar-nos e começar a mentalizar esses ambientes e ao mesmo tempo solicitar a Deus que nos retire o excesso de cargas elétricas negativas do nosso corpo e nos equilibre.

É um exercício rápido e que, em pouco tempo, nos fará sentir bem melhor. A excluir os casos de alguma deficiência de vitaminas, minerais ou proteínas no organismo, devido a uma má alimentação. Isso também pode causar desânimos e fraquezas no corpo.

"Se confessarmos os nossos pecados, Ele é tão fiel e justo, que nos perdoa os pecados e nos purifica de toda iniquidade" (1 Jo: 1, 9).

A Confissão é o meio utilizado para falarmos com Deus, com o intuito de aliviarmos o nosso coração e alma, para serem perdoados os nossos delitos (culpa de consciência). Pode ser feito de maneira direta ou indireta. Direta, por meio da Fé em Deus. Indireta, por meio dos presbíteros.

Cometemos tantas ações, reações e omissões com a palavra que acabamos engordando cada vez mais nossos defeitos psicológicos e enfraquecendo a nossa consciência; e por meio da Confissão, a qual é bastante difícil de se fazer, podemos pela Fé aliviar-nos e enfraquecermos os defeitos, com isso fortalecendo a nossa consciência.

A Confissão, para ser validada, deve ser seguida pela auto-observação com a autovigilância, para não se cometer erros maiores no ato da confissão.

Nesta Higiene, no aspecto da Dieta, a Oração (Direta, Indireta, Agradecimento, Petição, Louvor, Confissão) é um nutritivo alimento e um bom banho de limpeza para os nossos corpos: material, psicológico e espiritual, pois promove o fortalecimento e a regeneração dos mesmos para a contínua luta contra os nossos defeitos psicológicos.

> *"Enquanto digo ao ímpio: 'Morrerás!', se ele se retrair de sua prevaricação e fazer o que é reto e justo; se desenvolver o penhor, restituir o que furtou, se encaminhar pelos estatutos de vida, sem cometer mais atos malvados, ele viverá, não perecerá. Todos os pecados que ele cometera não lhe serão mais lembrados; fez o que é reto e justo; ele viverá. Não obstante isso, os filhos do teu povo andam dizendo: 'A via do Senhor não é reta', enquanto que são as suas palavras que não são retas. Se o justo se afasta de*

> *sua justiça e pratica ações iníquas, nelas morrerá. E se o ímpio se afasta da sua impiedade e faz o que é reto e justo, por isso viverá. E vós dizeis: 'A via do Senhor não é reta!'" (Ez: 33, 14-20).*

Lazer (hobby)

> *"Todas as coisas têm o seu tempo e para cada ocupação chega a sua hora debaixo do céu: 'Hora para nascer e hora para morrer... hora de buscar, e hora de perder; hora de guardar e hora de atirar fora;... hora de guerra, e hora de paz'" (Ecl: 3, 1-8).*

O Lazer ou *"hobby"* é o período em que estamos livres, ou seja, sem nenhum compromisso que envolva a nossa responsabilidade. Pode ser um período de descanso, folga, ócio, distração ou divertimento.

Para a Higiene nas Inteligências, o Lazer é o momento em que realizamos algo que gostamos, por isso é conhecido por *"hobby"*. Sem esse período, entraríamos numa situação de contração e obstinação que nos levaria ao estresse, prejudicando a nossa saúde.

O Lazer é uma Proteção Física. Ele deve ser efetuado de maneira descontraída. Sem o compromisso ou a seriedade de fazê-lo, pois se houver uma seriedade ou compromisso, não é mais um Lazer, e sim uma obrigação.

O "hobby", independentemente de qual seja, deve ser saudável a nós e a outrem. Ele auxilia em muito no resfriamento do nosso pensamento e corpos e a equilibrar um pouco nosso comportamento, melhorando-o, pois retira dele tensões desnecessárias e acumulativas.

Asseio

O Asseio na Higiene nas Inteligências envolve a limpeza do corpo. A denotar os seguintes aspectos: <u>Banhos Regulares</u>; <u>Cuidados Específicos</u>; e <u>Vestuário</u>.

Banhos Regulares

Independentemente do local em que estejamos, se tivermos a possibilidade, deveremos higienizar o nosso corpo. Havendo a oportunidade, o banho de chuveiro deverá ser realizado e o corpo deve ser limpo, fazendo-o com o auxílio de uma esponja e sabonete ou similares.

Especialistas indicam que o corpo, antes de ser lavado, deve ser esfregado ou esfoliado – levemente – com uma esponja seca e macia. Somente após isso, deve ser lavado, ensaboado e lavado novamente.

O Banho Regular deve ser feito com prazer e o nosso corpo deve ser tocado com as nossas mãos intensamente por inteiro. Nenhuma parte deve ficar ausente do nosso próprio toque, durante a higienização.

Vale aqui um detalhe: o interessante é que lavemos um ao outro, ou seja, uma pessoa lava a outra, pois isso auxilia em muito a higienização física e psicológica. Mas não tendo essa oportunidade, realiza-se sozinho mesmo.

É muito salutar este momento de higienização, mas os casais nem sempre têm tempo de estar juntos ou banharem-se juntos.

Lembremos que o frescor do banho, ao passar do tempo, acaba e surge o odor da própria pele do nosso corpo, e a utilização de desodorantes, perfumes, águas de cheiro se faz necessário, pois os odores podem ser fortes ou fracos, dependendo do organismo. A utilização desses artifícios deve combinar com a nossa pele e em proporções adequadas para ter uma sensação agradável para si e para as outras que estejam ao nosso redor.

Referente, ainda, aos Banhos Regulares, qualquer tipo de excesso é prejudicial à saúde.

Existem locais onde o Banho é algo bastante raro ou até mesmo discutido; independentemente dessa discussão, a higiene corporal deve ser feita diariamente, no mínimo (banhos, toalhas umedecidas, vapores ou esfoliações).

"Quem subirá ao monte do Senhor? Quem estará no seu lugar santo? Aquele que é limpo de mãos e puro de coração, que não entrega a sua alma à vaidade, nem jura enganosamente" (Sl: 24, 3-4).

Cuidados Específicos

Os Cuidados Específicos envolvem, além do Banho Regular, a nítida higienização da pele, boca, olhos, ouvidos, unhas, órgãos genitais, pelos, pés e mãos. Tais cuidados são necessários, para que a higiene ocorra de maneira adequada. Nada vale banhar-nos, durante horas, se não escovarmos os nossos dentes ou mantermos uma higiene bucal descente (mau hálito), e assim por diante; por isso, os Cuidados Específicos são vitais para a Higiene nas Inteligências, no aspecto Comportamental.

As pessoas não gostam de permanecer ao lado de outras que não exalam um odor ou uma aparência asseada.

Os cuidados com a pele envolvem a sua conservação, no sentido de protegê-la, hidratá-la e asseá-la. Ela é o maior órgão do nosso corpo humano, então necessita-se de bastante zelo.

A higiene da boca envolve as escovações dentárias, bochechos e limpezas necessárias, bem como as visitas regulares ao dentista. Já nos olhos há necessidade de utilizar-se, sempre que necessário e na medida do possível, um colírio para limpá-los ou lubrificá-los, pois refletem a nossa alma.

As unhas devem sempre estar aparadas, limpas e pintadas (se acaso desejar). Os pelos do corpo devem estar aparados e limpos, envolvendo os cabelos, as axilas, a barba, o buço, as sobrancelhas, os pelos da região pubiana, nos peitos, orelhas, nariz, pernas e pés; independentemente do sexo, deve-se mantê-los higienizados e, conforme a preferência, raspá-los ou não.

A manutenção da higiene das mãos e dos pés é imprescindível, pois as mãos acabam demonstrando quem nós somos e como nos cuidamos; os pés como são os nossos caminhos. A referida higienização evita para o nosso organismo maus odores, frieiras e contaminação em geral.

Os ouvidos devem ser higienizados e bem secos, para evitar inflamações ou problemas de audição; e, por fim, tem-se os órgãos genitais e o ânus; sua higiene é fundamental para se ter uma vida genital e sexual agradável. Essas regiões são muito sensíveis e por sua proximidade ao ânus, o qual é uma região erógena com inúmeras bactérias, sem uma higienização adequada, podem ocorrer infecções, inflamações, fora as aquisições de doenças sexualmente transmissíveis, por meio do sexo promíscuo. A visita regular ao ginecologista (mulher) e urologista (homem) é um conselho para manter-se a higiene corporal.

Paulo e sua primeira carta aos Coríntios (3, 16-17) se refere à higienização do corpo:

"Não sabeis que sois templo de Deus e que o Espírito de Deus habita em vós? Ora se alguém maltratar o templo de Deus, Deus maltratá-lo-á. Porque sagrado é o templo de Deus, e tal templo sois vós".

Vestuário

A condição existencial do ser humano é, por si, de nudez, diante do seu Criador. Mas isso deixou de ser algo natural e passou a ser vergonhoso.

A veste protege o corpo não só contra as intempéries, como também contra os olhos lascivos. Vestir o nu será sempre, na Bíblia, um preceito básico, uma obra misericordiosa. As roupas têm uma determinada importância, além de proteger o corpo, mas também de revelar o ser e ter de cada um de nós, bem como o nosso estado de ânimo em determinado momento. Elas não precisam ser novas, mas devem estar limpas e alinhadas, para entrar em sintonia ao corpo higienizado.

Conforme a ocasião presenciada, nós nos deveremos vestir adequadamente, para não constranger alguém ou envergonhar-nos.

As roupas e os acessórios devem de alguma maneira estar em harmonia, pois a discrepância causa choque, tanto para quem vê como para nós mesmos, pois sentiremos a observação intensa ou o afastamento das pessoas do nosso redor.

A limpeza atrai limpeza. A sujeira atrai sujeira.

> *"Deus falou a Moisés, dizendo: 'O purificado lavará as suas vestes, rapará, todos os pelos, banhar-se-á em água, e ficará novamente puro, podendo reingressar no acampamento, mas permanecerá sete dias fora da tenda'"* (Lev: 14, 8).

Trabalho

O Trabalho, na Higiene nas Inteligências, refere-se a toda Atividade e Produtividade que o ser humano executa.

Produtividade é o trabalho exercido de maneira empregatícia, liberal, autônoma, que traz um retorno financeiro ou emocional.

Atividade é o trabalho exercido sem fins lucrativos, que envolve o nosso lado interior, ou seja, é a prática da Higiene para as Inteligências com o objetivo da conquista do nosso sucesso.

Para a Higiene, o Trabalho é salutar e precioso para o equilíbrio material, psicológico e espiritual, pois disciplina e promove a dignidade e a honra no ser humano.

"Nós somos colaboradores de Deus, vós campos de Deus, edifício de Deus" (1 Cor: 3, 9).

Férias

"O Senhor falou a Moisés: 'Durante seis dias trabalhar-se-á, mas no sétimo será repouso absoluto, consagrado ao Senhor; todo aquele que trabalhar em dia de sábado, morrerá irremissivelmente'" (Ex: 31, 15).

No Comportamento, Férias são um período de grande higiene material, psicológico e espiritual, pois propicia o descanso merecedor e divino de qualquer Produtividade ou Atividade. É o tempo para a ociosidade, descanso e revitalização das energias para renová-las, por meio do sossego e da tranquilidade.

As Férias podem ser destinadas a vários motivos: Trabalho; Ambiente; Problemas; e Período Sabático.

"Os apóstolos voltaram novamente a reunir-se com Jesus e contaram-lhe tudo quanto tinham feito e ensinado. Ao que Jesus lhes respondeu: "Vinde vós sozinhos para um lugar apartado e descansar um pouco" (Mc: 6, 30-31).

Férias do Trabalho são o período legal e merecido do trabalhador(a), para que descanse seus corpos material, psicológico e espiritual, para revitalizá-los.

Férias do Ambiente são o período em que nos afastamos do nosso ambiente rotineiro em que vivemos, trabalhamos ou permanecemos, para que ocorra, sob a Higiene, uma revitalização dos nossos campos: mental, emocional, intuitivo, motor e sexual.

Esse período deverá ser de no mínimo quinze dias por ano. Deveremos permanecer num outro ambiente diferente ou neutro do que estamos acostumados para que a higiene ocorra em nós.

"Jesus, porém, disse-lhes: 'um profeta só deixa de ser honrado na sua pátria, e na sua casa, e entre os seus parentes'" (Mc: 6,4).

Férias dos Problemas são necessárias quando a situação se encontrar insuportável e os problemas não nos derem descanso. Então, há necessidade de tirarmos essas férias, esquecendo os problemas por um período, para que possamos refletir, respirar e refazer as nossas energias e termos condições saudáveis para enfrentá-los e resolvê-los.

> *"Por isso vos digo: Não andeis ansiosos pela vossa vida, quanto ao que havei de comer ou beber; nem pelo vosso corpo, quanto ao que haveis de vestir. Não é a vida mais do que o alimento, e o corpo mais do que o vestuário? Olhai para as aves do céu; não semeiam, não colhem, nem agitam em celeiros, e contudo, o vosso Pai celestial as alimenta. Não tendes vós muito mais valor do que elas? Qual de vós poderá, com as suas preocupações, acrescentar uma única hora ao curso da sua vida? Quanto ao vestuário, por que andais ansiosos? Observai como crescem os lírios do campo. Eles não trabalham nem fiam. Eu, porém, digo-vos que nem mesmo Salomão, em toda a sua glória, vestiu-se como qualquer deles. Se Deus assim veste a erva do campo, que hoje existe e amanhã é lançada no forno, não vestirá muito mais a vós, homens de pequena fé? Portanto, não andeis ansiosos, dizendo: Que comeremos? Que beberemos? Ou com que nos vestiremos? Pois, os gentios procuram todas estas coisas. De certo vosso Pai celestial bem sabe que necessita de todas elas. Mas buscai primeiro o seu reino e sua justiça, e todas estas coisas vos serão acrescentadas. Portanto, não andeis ansiosos pelo dia de amanhã, pois o amanhã se preocupará consigo mesmo. Basta a cada dia o seu próprio mal"* (Mt: 6, 25-34).

Período Sabático é o período de descanso ou de folga, mas diferente do de Férias do Trabalho, do Ambiente ou de Problemas. É o tempo necessário que dispomos, no qual não estejamos trabalhando, tampouco estudando, mas a procura de conhecer outras atividades, produtividades ou experiências, para aumentarmos o nosso grau de conhecimento ou criação. É o período de férias que nos damos.

Esse período não tem tempo limite, tudo depende dos recursos de que a pessoa disponha para manter-se sem trabalhar, se for o caso.

> *"Durante seis anos semearás a tua terra e recolherás seu produto. No sétimo ano deixá-la-ás descansar, inculta, a fim de que dela comam os pobres de teu povo, e de seus sobejos se alimentem os animais do campo. Assim farás também com a tua vinha e com o teu olival"* (Ex: 23, 10-11).

Consulta Médica

O livro de Eclesiástico (38, 1-8) nos orienta quanto à importância do médico em nossas vidas:

> *"Sê diferente para com o médico, porquanto dele se tem necessidade, pois também ele foi instituído por Deus. De Deus o médico recebe a perícia, e do rei costuma receber presentes. A ciência do médico permite que ele ande de fronte erguida e se conserve diante dos nobres. Deus faz sair da terra os medicamentos e o homem diligente não os despreza. Não adoçou Deus as águas com um lenho a fim de mostrar a cada um o seu poder? E ele deu aos homens conhecimento para que auferissem glória das suas poderosas obras. Por meio deles, o médico aplaca a dor e o farmacêutico prepara os seus remédios a fim de que a criatura de Deus não cesse, nem o são viver desapareça da face da terra".*

A Consulta Médica é uma averiguação rotineira sobre o nosso estado físico, mental e emocional. Da Higiene para as Inteligências extrai-se a oportunidade de verificar a situação da nossa saúde.

A Prevenção faz parte da Higiene, logo a Consulta Médica periódica auxilia em muito na purificação do ser humano e sua proteção física.

A Proteção Física, na Higiene nas Inteligências, envolve o ser humano proteger-se contra a Ação ou Reação, que ele possa receber ou realizar, quando atingido por palavras escritas, faladas ou gesticuladas.

As **A**ções e Reações devem sempre ser equilibradas, para que se evitem danos maiores e penosos para si ou outrem. Para tanto, há necessidade de não se esquecer das práticas: a não identificação, a auto-observação, a observação, a refrigeração, a projeção, a confiança; e as proteções físicas, para conseguir êxito nessa parte da Higiene na Inteligência.

Devemos sempre nos lembrar das máximas: "Mente sã, corpo são"; e "Quando a cabeça não pensa é o corpo que sofre as consequências".

Paulo em sua primeira carta aos Tessalonicenses (5, 23) nos orienta sobre a higienização do nosso corpo material (coração), psicológico (alma) e espiritual (espírito) para o porvir:

"Que ele próprio, o Deus da paz, santifique-vos até a perfeição, e que todo o vosso ser, o espírito, alma e coração conserve-se imprescindível para a vinda de nosso Senhor Jesus Cristo".

Tanto a higiene relativa à mente quanto a relativa ao corpo são eficientes, quando o Ambiente em que vivemos, trabalhamos ou convivemos está higienizado, equilibrado e puro.

Ambiente

"Toda a casa é construída por alguém, e quem tudo construiu é Deus" (Hb: 3, 4).

O Ambiente é o espaço que cerca ou envolve os seres vivos e os objetos.

Na Higiene, o Ambiente é todo o meio que está situado na Natureza. E para se trabalhar com ele, destacam-se três tópicos: Tipo; Características; e Manutenção e Conservação.

Tipo

Existem, sob o aspecto da Higiene para as Inteligências, quatro tipos de Ambiente: o Natural, o Artificial, o Sobrenatural e o Virtual.

O Ambiente Natural, na Higiene, é aquele que não sofreu a influência brusca do ser humano. Quando adentrarmos um deles, ao sair do mesmo, devemos deixá-lo como o encontramos.

O Ambiente Artificial, na Higiene, é aquele que sofreu a influência humana, tais como: pavimentação, construção, desmatamento etc.

Na Higiene na Inteligência, os Ambientes Artificiais são aqueles estruturados pelo ser humano, que podem ser classificados como: Imóveis ou Móveis.

Os Imóveis, para a Higiene na Inteligência, são as conhecidas construções, moradias, local de trabalho, dependências da residência, área de trabalho ou qualquer local em que possam estar presentes pessoas.

Os Móveis, para a Higiene na Inteligência, são objetos que possam ser movimentados, tais como: veículos, eletrodomésticos, materiais domésticos e de consumo, instrumentos variados; e tudo aquilo que se possa transportar ou portar.

Tanto os Imóveis como os Móveis devem estar limpos organizados e bonitos. Não há necessidade de serem luxuosos ou novos, mas sim asseados, arrumados harmonicamente, mantidos organizados, bonitos e simétricos, para transparecer a sua estética.

O Ambiente Sobrenatural, na Higiene, é aquele que é desconhecido pelo ser humano, mas que o faz acreditar em sua existência, por meio do saber Popular, Teológico, Filosófico ou Literário.

Na Higiene nas Inteligências, no aspecto do Ambiente Sobrenatural, verifica-se que o mesmo é somente percebido pela sensibilidade de algumas pessoas.

O Ambiente Sobrenatural, referente à Higiene na Inteligência, são os mesmos Ambiente Natural e Artificial, com um pequeno detalhe, os mesmos estão numa outra dimensão, ou seja, numa visão e percepção não material (altura, largura, comprimento), mas de sensibilidade, conhecida por estudiosos do assunto como sendo o sexto sentido humano.

O sexto sentido, segundo estudiosos do ramo, é o potencial do ser humano em poder ver ou sentir algo que esteja num determinado Ambiente Natural ou Artificial, mas imperceptível para os outros.

Às vezes, o Ambiente Natural ou Artificial está limpo, organizado e bonito, mas algo nele não está agradável. Ou, ao contrário, ele está limpo, bonito e organizado e sentimo-nos muito bem nele. O sexto sentido humano faz algumas pessoas terem – umas mais, outras menos – essa percepção, por meio de sua sensibilidade.

O Ambiente Virtual, na Higiene, é aquele local existencial que promove a prática da ação ou reação, por meio de tecnologia informatizada.

O Ambiente Virtual, na Higiene nas Inteligências, é caracterizado pela tecnologia da informática, isto é, as Inteligências utilizadas nos computadores pessoais, por meio do correio eletrônico (e-mails), "chats", "zaps" e outros.

Devido à globalização e a tecnologia da informação, o Ambiente Virtual tornou-se um instrumento muito poderoso, principalmente nas mãos das crianças, jovens e contraventores penais.

A Higiene na Inteligência se preocupa com a fala empregada, bem como com o que é dito ou escrito no Ambiente Virtual, pois "Pagamos por aquilo que falamos", e na rede internacional (internet) estende-se para o que "escrevemos"; portanto, não somente o que falamos, mas o que nela falamos por escrito. Por isso, as pessoas devem ter muito cuidado e zelo no que elas escrevem; sempre preocupadas em ter as Inteligências limpas, organizadas e bonitas para não sofrerem as consequências imprevisíveis.

"Estendeu-o diante de mim, e ele estava escrito por dentro e por fora; nele se achavam escritas lamentações, e suspiros e ais" (Ez: 2, 10).

Por meio da internet, temos acesso a inúmeras informações; porém, nem todas estão baseadas na ética, na legalidade e no amor ao próximo; logo, deveremos, mediante uma análise e reflexão, filtrar o que a rede nos fornece e aceitar aquilo que nos faz bem. Outro passo é, ao acessar a rede, não nos deixarmos iludir pelas falsas e perigosas propagandas, que nos induzem a realizar ações que na nossa consciência não são benignas, e podem provocar-nos danos irreparáveis, tais como: acessar sítios pornográficos ou bater papo com estranhos e marcarmos encontros com os mesmos ou fornecer nossos dados pessoais.

A rede deve ter como principal objetivo promover o Amor ao próximo (paz, harmonia, auxílio, educação e cristandade). Sem esses passos, a internet se torna um meio de banalização das Inteligências, e, com isso, vem a ruína do ser humano navegante por esse mundo virtual.

Infelizmente, como a internet ainda é uma tecnologia pouco fiscalizada, por ser internacional, ocorre a manipulação de criminosos e contraventores, que querem ganhar e levar vantagens em tudo, e assim a utilizam como modo de expandir seus crimes e delitos, por meio da Pedofilia (crimes contra crianças); Pornografias; Terrorismo; Sequestros, Golpes (Estelionatos) e tantos outros crimes. Por isso, a atenção, para a Higiene nas Inteligências, no Ambiente Virtual, deve ser o máximo possível. Principalmente contra os "vírus" que são espalhados a todo o momento na rede.

Todos os Ambientes devem estar limpos, organizados e bonitos, destacando-se os Ambientes Naturais, nos quais, sem a atuação do ser humano, pode-se encontrar sua beleza natural.

Se o Ambiente não estiver limpo, organizado e bonito, provoca repúdio e mal-estar no ser humano que nele adentra, promovendo danos a sua higiene (atitude e comportamento), desequilibrando-o e, assim, ocasionando a contaminação no seu falar.

"Ele foi subindo como renovo perante ele, e como raiz de uma terra seca. Não tinha parecer nem formosura; e, olhando nós para ele, nenhuma beleza víamos, para que o desejássemos" (Is: 53, 2).

Características

Quanto às características dos Ambientes, destacam-se: os Equilibrados ou Benéficos e os Desequilibrados ou Perigosos.

Nos Ambientes Equilibrados há a presença das harmonias auditiva, visual, olfativa, organizacional e da sensibilidade, as quais promovem a beleza ambiental. Na auditiva, identificam-se a presença da serenidade, da calma, do silêncio e da tranquilidade, com possibilidade de até existir a sonoridade de músicas suaves. Na visual, identificam-se a simetria e harmonia na disposição dos móveis, cores e objetos neles contidos. Na olfativa se encontram odores de limpeza, de natureza, de flores, de fragrâncias suaves, aromatizando todo o local e proporcionando assim um bem-estar. Na organizacional, todos os objetos que os compõem estão dispostos de maneira harmônica, não há discrepância que provoque choque ou repúdio ao ambiente. Na sensitiva, proporcionam aos presentes uma sensação de leveza, relaxamento, bem-estar e aconchego.

Os Ambientes Equilibrados ou Benéficos promovem a saúde e revigoram as energias das pessoas presentes, dando-lhes força e disposição para iniciarem ou recomeçarem algum trabalho; é a própria sensação de paz divina, onde as palavras são pronunciadas sob o equilíbrio mental e originadas de corações amáveis.

"A paz de Deus, que supera todo conceito, guardará os vossos corações e as vossas mentes em Cristo Jesus" (Fp: 4, 7).

Nos Ambientes Desequilibrados ou Perigosos ocorre o inverso. Os ambientes são desarmônicos. Ocorrem gritarias, barulhos excessivos, ofensas verbais, sons perturbadores, choros, gemidos, risos descontrolados, agressão física; há presença do mau gosto, da feiura, da sujeira, da bagunça, das discrepâncias de cores e objetos. Esses ambientes exalam odores fortes, que provocam enjoos, dores de cabeça e aflição respiratória; referente à sensibilidade, ocasionam o mal-estar, sono (abrir a boca), dores pelo corpo e pensamentos de ilegalidade, imoralidade, isto é, são locais que propiciam o desencadeamento de distúrbios no corpo material, psicológico e espiritual.

É muito complicado, mas não é impossível um ser humano manter-se higienizado nas suas Inteligências vivendo ou frequentando um Ambiente Desequilibrado, pois o meio interfere em muito no indivíduo.

"Vale mais um pedaço de pão duro com um pouco de paz, do que uma casa cheia de banquete, mas com litígios" (Prov: 17, 1).

A causa de um ambiente estar equilibrado ou desequilibrado se dá pelos indivíduos que lá vivem ou frequentam. Nenhum objeto, decoração ou organização tem essa capacidade, e sim somente a manifestação do ser humano para isso ocorrer.

Infelizmente, devido ao defeito psicológico atuante no ser humano, ele reflete no ambiente em que vive ou frequenta essas características perturbadoras, que o comandam; transformando um ambiente que tinha todas as condições para ser harmônico num desequilíbrio suportável, insuportável e perigoso.

O ambiente com um desequilíbrio suportável, como o próprio nome diz, é aquele em que o ser humano consegue permanecer por certo período, sem sofrer tanto as suas influências ou vibrações desequilibradas.

O ambiente desequilibrado insuportável é aquele que é quase impossível a sua vivência ou frequência sem sofrer as vibrações do mesmo.

O ambiente perigoso é aquele em que o ser humano corre o risco de contágio ou morte.

Excluindo, claro, os indivíduos que têm uma afinidade psicológica com esse meio (suportável, insuportável e perigoso), para os quais esses ambientes são muito agradáveis e normais.

"Similum et similum" (os semelhantes se atraem). Mas, para quem procura um coração puro, por meio da Higiene nas Inteligências, é bastante complicada a frequência ou a vivência nesses tipos de Ambientes Desequilibrados.

Manutenção e Conservação

> *"O mesmo Deus de paz vos santifique completamente. E todo o vosso espírito, alma e corpo sejam plenamente conservados irrepreensíveis para a vinda do Senhor Jesus Cristo"* (1 Ts: 5, 23).

Para que possamos viver num ambiente harmônico, devemos realizar dois trabalhos: a Manutenção e a Conservação.

A Manutenção, referente à Higiene na Inteligência, é a organização ou reorganização do ambiente, que envolve a limpeza do mesmo nos aspectos físicos, sobrenaturais e virtuais.

A Limpeza Ambiental é a conhecida faxina, que deve ser feita no mínimo uma vez por semana no ambiente vivenciado ou frequentado, com o objetivo de deixá-lo limpo, organizado e bonito; e, por meio da Conservação, mantê-lo assim, após a sua ocupação ou utilização.

A faxina deve ser executada no espaço físico (natural e artificial) e extrafísico (sobrenatural).

No Ambiente Natural, segundo preceitos da Higiene nas Inteligências, a limpeza deve ser efetuada sempre ao sair do mesmo, e deixá-lo conforme o encontrou: limpo, bonito, organizado.

Infelizmente é muito comum encontrar, principalmente nas matas e praias, muitas sujeiras inorgânicas e até orgânicas, provenientes das atividades realizadas lá pelos seres humanos, os quais, ao saírem do referido Ambiente, não se preocupam em deixá-lo como o encontraram.

No Ambiente Artificial, a limpeza deverá ser efetuada com a utilização de panos, água e produtos de limpeza (removedores, aromatizantes, desinfetantes, ceras, detergentes etc.); e com certo cuidado e zelo, para que a mesma fique a contento (ambiente limpo, organizado e bonito). A limpeza não se deve restringir somente ao espaço físico, mas estender-se aos móveis e objetos que lá se encontram.

Após a realização da Limpeza no espaço físico, passa-se para o espaço extrafísico, ou seja, a higienização que envolve a área "energética" do respectivo Ambiente. Ela pode ser realizada por meio de Orações e/ou Arranjos.

As Orações podem ser efetuadas por meio de preces e cantos que atraiam fluidos ou vibrações equilibradas para o Ambiente limpo.

"Efetivamente, toda coisa criada por Deus é boa e nada há para rejeitar quando se usa em ação de graças, pois é santificada pela palavra de Deus e pela oração" (1 Tim: 4, 4-5).

Os Arranjos são todos os tipos de trabalhos manuais que envolvem flores, folhas e raízes. Fazer Arranjos e colocá-los dentro do Ambiente higienizado, juntamente com preces, proporciona um grande benefício ao mesmo.

A Limpeza no aspecto físico e extrafísico é essencial para o início da harmonia ambiental, para obtermos o nosso equilíbrio material, psicológico e espiritual.

A Conservação, referente à Higiene na Inteligência, é o trabalho de manter o ambiente: Asseado, Organizado e Bonito; e, para isso, ela trabalha com a Decoração do Ambiente.

A Decoração do Ambiente, referente à Higiene nas Inteligências, é o trabalho realizado após a limpeza (Manutenção), que promove o ornamento e a composição adequada do local junto aos seus objetos, os quais farão parte do referido local.

A Decoração é a arte de saber posicionar, organizar e adequar os objetos, acessórios e as cores no Ambiente de uma maneira limpa, organizada e bonita. Com o objetivo de torná-lo um ambiente agradável, e com isso atrair fluidos equilibrados e fazer com que as energias locais não se percam ou se dissipem.

Às vezes, a perda de energia é comparada a presença da "negatividade".

A Decoração no Ambiente Natural, referente à Conservação, consiste em deixá-lo e dispô-lo da maneira mais natural possível, ou seja, permitir e não alterar o posicionamento da fauna e flora do seu respectivo "habitat". A desorganização ou falta de conservação neste Ambiente provoca sérios riscos à saúde do ser humano, logo prejudica a sua Higiene nas Inteligências.

A Decoração no Ambiente Artificial é a disposição organizada, limpa e simétrica dos objetos e cores que o envolvem, dando-lhe a nítida sensação de higiene e beleza.

COMO DESPERTAR E DESENVOLVER AS NOSSAS INTELIGÊNCIAS

A Decoração no Ambiente Sobrenatural se dá por meio da prática da leitura da Bíblia, de orações, de músicas suaves, da presença ostensiva e visual da Palavra de Deus a todos os olhares presentes ao Ambiente.

A Decoração no Ambiente Virtual se dá pela apresentação do mesmo, por meio da organização dos seus ícones e arquivos; pelo trabalho de acesso ético à internet, bem como a disposição de cópias dos programas em arquivos próprios; e um local adequado para a ocupação do referido computador.

"Na mão ele tem a pá, e limpará a sua eira, recolhendo o trigo no seu celeiro e queimando a palha com fogo que nunca se apagará" (Mt: 3, 12).

A Higiene para as Inteligências, no aspecto da Atitude, do Comportamento e do Ambiente, é o meio pelo qual conseguimos, a partir do momento de sua execução, compreender a nossa vida e tudo que a envolve, despertando de dentro de nós a compreensão de algo maior.

Ao purificarmos o nosso interior, refletiremos essa transformação automaticamente em nosso exterior.

Uma mente equilibrada, um corpo saudável e um universo sadio são os grandes objetivos da Higiene para as Inteligências, a qual combate os defeitos psicológicos e promove a vitalidade e a prosperidade da pessoa.

Não basta a teoria ser adequada, há necessidade da nossa prática constante, para que a limpeza ocorra verdadeiramente no nosso coração; e com isso interrompamos o ciclo "maligno" do "Pagamos por aquilo que falamos" e somente tenhamos bons frutos realizados e materializados pelo nosso Poder da Palavra.

"Se andarmos na luz, como Deus está na luz estamos em comunhão mútua e o sangue de Jesus Cristo, seu Filho, purifica--nos de todo pecado" (1 Jo: 1,7).

Com a praticidade da Higiene nas Inteligências: o relaxamento, a concentração e a meditação, nós conseguiremos algum dia ter um interior equilibrado, mas temos que ter amor dentro de nós para que tudo isso adiante ou resulte em algo próspero.

O Amor é o Grande Segredo, pois, mesmo que nós tenhamos tudo, sem ele nada possuímos realmente.

Quando descrevemos sobre a Higiene para as Inteligências, na Atitude (vida psicológica) e no Comportamento e Ambiente (vida material), não devemos nos esquecer que há outra vida: a Espiritual; e por isso existe uma maneira de poder de alguma forma purificá-la; e assim, com este último trabalho, atingir com a graça e a benção divina a purificação do nosso interior.

Este trabalho é o Amor! O simples e complexo Amor.

O Amor não é um poder do ser humano, como aqueles que descrevemos. Referente à Higiene para Inteligências, ele é mais íntimo e tem que ser despertado, desenvolvido eternamente. Não há limite para o Amor.

Não devemos confundir amor com atração ou sexo. Mesmo que na atração e no sexo possa haver amor, para haver o amor não precisa de atração, tampouco de sexo. Mas antes de falarmos sobre o Amor, temos que esclarecer o que é a Vida Espiritual e o que nela está inserido.

Só não há solução para a morte, a qual é certa.

Segundo Néiah Lima:

A única certeza da vida...
É a morte!
Não existe certo ou errado, nem razão e respostas.
Não adianta tentar entender o que não somos capazes
de explicar.
Escrever é fácil, teoria chata demais!
Na prática é que sentimos o quanto dói.
E como dói perder os nossos!

O QUE É A MORTE PARA O SER HUMANO?

"Nenhum de nós, na verdade, vive para si mesmo e nenhum morre para si mesmo; mas se vivemos, vivemos para o Senhor e, se morremos, morremos para o senhor. Portanto que vivamos quer morramos, pertencemos ao Senhor" (Rom: 14, 7-8).

A morte é o final da resolução de problemas do ex-vivente. Somente o morto não tem condições de resolver problemas (Mt: 22, 32). Ela é o encerramento de uma fase da vida humana em seu aspecto material e psicológico, neste planeta, nesta dimensão tridimensional.

A morte não é um problema. Ela é o final dos problemas, mas dá, pela fé de cada um, uma perspectiva de uma nova Vida. Logo, uma nova experiência para se resolver problemas.

Quem herda aquilo que está morto (dos mortos), ele próprio está morto e é herdeiro de coisas mortas. Mas, quem herda aquilo que é vivo (de quem está vivo), ele também está vivo e é herdeiro daquilo que está vivo ou daquilo que está morto. Os mortos nada herdam. Como poderia herdar o morto? Se o morto herdasse aquilo que está vivo, não morreria; ao contrário, viveria (Evangelho segundo Filipe versículo 3).

A morte para nós é algo visto e malquisto, pois denota a impressão do final de uma experiência, ou o abandono e solidão eterna. A fobia pelo desconhecido faz com que não gostemos de pressentir o óbvio: que um dia morreremos.

Mas antes que esse dia chegue, que vivamos as nossas vidas a ponto de resolvermos até o final dela os nossos problemas, pois para isso fomos gerados e confiados por Deus. Somos Resolvedores de Problemas (Mt, 6:10).

"Foi Deus que a uns constituiu apóstolos; a outros, profetas; a outros, evangelistas; a outros, profetas e doutores, para tornar os santos aptos a cumprirem o seu ministério, para a edificação do Corpo de Cristo, até chegarmos todos juntamente à unidade da fé, ao pleno conhecimento do Filho de Deus, ao estado de homem perfeito, até alcançarmos a medida da plena estatura de Cristo. Então, já não seremos crianças sacudidas para cá e para lá, e levadas ao sabor de todo vento de doutrina, à mercê dos enredos dos homens e da astúcia que ardilosamente inocula o erro. Operando, ao invés, conforme a verdade, iremos em tudo, crescendo em caridade naquele que é a cabeça, Cristo. Dele, todo o corpo, bem ajustado e solidamente coeso por meio de todas as junturas de comunicações, segundo a atividade proporcionada a cada um dos membros, realiza o seu crescimento e se vai edificando na caridade" (Ef: 4, 11-16).

A PRÁTICA DOS 21 DIAS

A Prática dos 21 Dias é uma ação que deveremos fazer durante 21 dias seguidos. De maneira disciplinar e constante. Sem haver a quebra do dia e da sequência ou da ação praticada. Ela promove em nosso cérebro a realização contínua de uma ação, pois gera a ligação neural (sinapse) de algo que se pratica constantemente. Ou seja, o nosso cérebro compreende que deveremos realizar aquilo de maneira constante.

> *Segundo a Teoria dos 21 dias, o ser humano precisa de, no mínimo, 21 dias constantes para mudar um hábito. E é importante deixar bem claro que é o mínimo e não o suficiente para que estas mudanças aconteçam. Quando falamos em mudar um hábito é sempre bom lembrar que cada pessoa tem seu próprio tempo, nesse sentido, podemos dizer que existem pessoas que conseguem em um tempo menor e outras pessoas precisam de um tempo maior (IBC, 2023).*

Quando queremos que ocorra uma nova ligação neural (sinapse) em nosso cérebro, devemos realizar uma prática de no mínimo 21 dias.

A Teoria dos 21 Dias surgiu na década de 1950, quando o doutor Maxwell Maltz notou um padrão de comportamento em seus atendimentos, no qual tinham seus pacientes de esperar 21 dias para que seus tratamentos surtissem efeito, principalmente os cirúrgicos. Após esse período, os pacientes mudavam o comportamento. Tais experimentos foram comprovados por estudos realizados por "Phillippa Lally, da University College London", contribuindo afirmativamente para a "saúde mental de quem deseja mudar algum hábito" (IBC, 2023).

Exemplo: queremos praticar ginástica, regime, leitura ou qualquer outra atividade que desejamos iniciar. Deveremos começar tal prática e mantê-la disciplinarmente durante 21 dias, para que o nosso cérebro realize a ligação (sinapse) adequada e com isso consigamos efetuar tal atividade de maneira tranquila, pois a nossa mente entenderá que tal ação faz parte da nossa rotina diária.

> *"Naqueles dias eu, Daniel, estive triste por três semanas. Alimento desejável não comi, nem carne nem vinho entraram na minha boca, nem me ungi com unguento, até que se cumpriram as três semanas"* (<u>Dan:10, 2,3</u>).

O profeta Daniel, conhecedor da Prática dos 21 Dias e com um objetivo em mente, utilizou-a para atingir seus propósitos materiais, psicológicos e espirituais, isto é, dar um novo rumo em sua vida, ou seja, trabalhar com as suas inteligências.

Logo, é imprescindível que a todo instante pratiquemos essa ação e mentalizemos os frutos que vamos obter ao final desse processo, pois é isso que vai fortalecer constantemente a nossa vontade, para darmos continuidade e implementar, de maneira definitiva, as mudanças necessárias para o nosso sucesso.

Acontece que, por meio da prática do despertar e desenvolver das nossas inteligências, é possível que nós conheçamos nossas melhores habilidades, ou seja, aquelas que vão nos ajudar a continuar o desafio dos 21 dias, contribuindo para que tenhamos ainda mais energia, bem como que conheçamos também os pontos que precisamos melhorar, aqueles que nos impedem de crescer e que podem fazer com que acabemos cedendo às tentações, devido aos nossos defeitos psicológicos.

Uma pessoa inteligente sempre procurará o novo para cada vez mais galgar novos caminhos e novas posições, ou seja, sempre procurando evoluir.

COMENTÁRIOS FINAIS

O objetivo do nosso trabalho é promover uma provocação, uma reflexão, um questionamento no leitor, para que juntos possamos entender o mecanismo (básico) do funcionamento das Habilidades existentes em nosso interior e com um pouco de prática possamos despertá-las e desenvolvê-las, a ponto de conquistarmos a Competência de termos Sucesso (satisfação pessoal, tranquilidade financeira e saúde).

"... eu vim, para que tenham vida, e a tenham em abundância" (Jo: 10, 10).

Utilizemos uma ou mais Inteligências simples e objetivas, para que haja uma fácil assimilação e entendimento da teoria e prática, ora aqui exposta, para que ocorra o principal objetivo deste trabalho: a Prática.

Sem a prática das atividades aqui descritas, este livro será mais um a ocupar um espaço numa estante dum canto qualquer.

"Os que recebem a semente em boa terra são os que ouvem a palavra e a recebem, e dão fruto, um a trinta, outro a sessenta, outro a cem, por um" (Mc: 4, 1-20).

Não deixemos a semente morrer! Sejamos bons semeadores!

Pratiquemos, mesmo que bem devagar. Tenhamos bom ânimo e lutemos para alcançar um lugar nesse Sol maravilhoso que nasce e é para todos.

"... Em nome de Jesus Cristo, o nazareno, levanta-te e anda" (At: 3, 6).

Não nos aprofundamos nos assuntos referentes aos neurônios, para não estendermos tanto o assunto e perdermos o que é importante: as técnicas para despertar e desenvolver das habilidades.

Nós temos no mínimo 14 inteligências dentro de nós e a possibilidade de despertá-las e desenvolvê-las inicialmente e continuamente, e com isso adquirirmos Valores que estamos perdendo, devido à ausência do trabalho com as nossas Inteligências.

"Prata escolhida é a língua do justo, mas o coração do ímpio é de pouco valor" (Prov: 10, 20).

Infelizmente, a televisão e as redes sociais, com sua vasta e interessante programação, fazem com que sejamos acomodados, preguiçosos no pensar e principalmente no agir. Tudo está lá esmiuçado, pronto. Não há necessidade de se fazer nada. É só clicar o controle remoto. Não há necessidade nem de nos levantarmos para mudar um canal. E nisso estamos nos deixando "noofagar"[8]. Estamos nos alienando. Nossa mente, a cada momento que se passa, está pensando menos, refletindo menos ainda e raciocinando pouquíssimo. Aceitamos tudo que ela nos vende e dita. E os valores por não serem despertos acabam morrendo, atrofiando-se no nosso interior.

---

[8] Noofagar, vem de noo = mente e fagar = comer (comedores de mentes).

Estamos tão desvalorizados, que o "imoral", "aético" e "criminoso" é visto por nós com normalidade e naturalidade.

Devemos ter valores, mas para isso temos que despertar e desenvolver as nossas Inteligências.

"O que aproveita o homem ganhar o mundo inteiro, se perder a sua alma?" (Mt: 16, 26).

A ausência do despertar e desenvolvimento das nossas Inteligências implica deixarmo-nos cada vez mais "imbecis", "ignorantes" e "fanáticos" quanto ao que somos, pensamos, sentimos e fazemos em relação a nós mesmos, aos outros e ao ambiente em que vivemos.

Essa ausência nos torna de seres humanos a animais intelectuais, isto é, hominídeos que, por nada saberem e a tudo desprezarem, acabam dando energia aos seus defeitos psicológicos, e com isso procuram, como um Vírus, a Destruição de tudo e de todos, inclusive a sua própria.

O Despertar e o Desenvolvimento das nossas Inteligências impedem que sejamos homicidas e suicidas da nossa própria Natureza e Objetivo de Vida, por meio dos nossos Valores despertos e atuantes.

"... para que tenhamos uma vida tranquila e sossegada, em toda piedade e honestidade" (1 Tim: 2, 2).

A Vida, em si, nos dá o seu objetivo, para que cada um de nós a apanhemos e com ela saibamos que o nosso objetivo primaz vital é Resolver Problemas que estejam a nossa frente, no nosso dia a dia.

Fomos criados por Deus e nascemos para resolver problemas. Essa é a Vontade Dele.

"Se alguém quiser fazer a vontade de Deus, descobrirá se o meu ensino vem de Deus, ou se falo de mim mesmo" (Jo: 7, 17).

Aquele que resolve problemas é um anjo de Deus. Aquele que não resolve os problemas é um anjo das trevas.

Se quisermos ser anjos para nós, para o nosso semelhante e para o ambiente em que vivemos, devemos Despertar e Desenvolver as nossas Inteligências, para que possamos construir, e não destruir a Vida. E com isso sermos *Homo sapiens sapiens* (sábios) não *Homo demens demens* (imbecis).

Lembremo-nos de que vivemos para resolver problemas. Não há como fugir disso! É nossa missão. Nascemos para isso!

> *"Não se esconde um objeto de grande valor em um recipiente grande. Pelo contrário, amiúde alguém guarda somas incalculáveis em recipientes que valem um cêntimo. Assim acontece com a alma. Ela é uma coisa preciosa caída em um corpo depreciável"* (Evangelho segundo Filipe, versículo 22).

E para te auxiliar no combate da ignorância, da imbecilidade e do fanatismo, fale:

"Auferte in nomine Domine nostri Ihesu Christi."
(Afastado seja em nome de Jesus Cristo)

Obrigado por ter lido este livro! E sucesso para você!

GLOSSÁRIO DE ABREVIATURAS

VELHO TESTAMENTO

Gên: Livro de Gênesis
Êx: Livro de Êxodo
Lev: Livro de Levítico
Núm: Livro de Números
Dt: Livro de Deuteronômio
Jos: Livro de Josué
1 Rs: 1.º Livro de Reis
2 Rs: 2.º Livro de Reis
Tb: Livro de Tobias
Jd: Livro de Judite
Jó: Livro de Jó
Sl: Livro dos Salmos
Prov: Livro dos Provérbios
Ecl: Livro de Eclesiastes
Sab: Livro da Sabedoria
Eclo: Livro do Eclesiástico
Is: Livro de Isaías
Jer: Livro de Jeremias
Ez: Livro de Ezequiel
Dan: Livro de Daniel
Os: Livro de Oseias
Am: Livro de Amós

Hc: Livro de Habacuque

Mal: Livro de Malaquias

NOVO TESTAMENTO

Mt: Evangelho, segundo Mateus

Mc: Evangelho, segundo Marcos

Lc: Evangelho, segundo Lucas

Jo: Evangelho, segundo João

At: Atos dos Apóstolos

Rom: Carta de Paulo aos Romanos

1 Cor: Carta de Paulo aos Coríntios

2 Cor: Carta de Paulo aos Coríntios

Gál: Carta de Paulo aos Gálatas

Ef: Carta de Paulo aos Efésios

Fp: Carta de Paulo aos Filipenses

Cl: Carta de Paulo aos Colossenses

Ts: Carta de Paulo aos
Tessalonicenses

1 Tim: Carta de Paulo a Timóteo

2 Tim: Carta de Paulo a Timóteo

Tt: Carta de Paulo a Tito

Hb: Carta de Paulo aos Hebreus

Tg: Carta de Tiago

1 Pd: 1.ª Carta de Pedro

2 Pd: 2.ª Carta de Pedro

1 Jo: 1.ª Carta de João

2 Jo: 2ª Carta de João

Jud: Carta de Judas

Apoc: Apocalipse

REFERÊNCIAS

ALABARCE, A. *Pagamos por aquilo que falamos*. São Paulo: Hércules, 2019.

AMARAL, V. L. de. *Psicologia da educação*. Natal: EDUFRN, 2007.

ANTUNES, C. *Como desenvolver conteúdos explorando as inteligências múltiplas*. Petrópolis: Vozes, 2000.

AURÉLIO. Dicionário. 2006. Disponível em: https://www.dicio.com.br/aurelio-2/. Acesso em: 10 jun. 2023.

BÍBLIA SAGRADA. Tradução de João Ferreira de Almeida. São Paulo: Vida, 1994.

BÍBLIA SAGRADA. Tradução de Padre Antônio Pereira de Figueiredo. São Paulo: Iracema, 1979.

BOFF, L. *O despertar da águia*: o dia-bólico e o sim-bólico na construção da realidade. Petrópolis: Vozes, 1998.

BRASIL. *Decreto-Lei n.º 2.848/1940. Código Penal Brasileiro*. São Paulo: Manole, 2023.

BUILDING 8. Inteligência social: aprenda a se conectar! *Building 8*, 2023. Disponível em: building8.com.br/inteligencia-social/#:~:text=Tamb%-C3%A9m%20chamada%20de%20interpessoal%2C%20a,outras%20pessoas%20%C3%A0%20nossa%20volta. Acesso em: 15 jul. 2023.

CHUNG, Dr. Tom. *Qualidade começa em mim*. 6. ed. São Paulo: Tempo Maltese, 1999.

CURY, A. J. *Inteligência multifocal*. São Paulo: Cultrix, 1999.

CURY, A. J. *Pais brilhantes, professores fascinantes*. 21. ed. Rio de Janeiro: Sextante, 2003.

DANTAS, H. *A infância da razão*: uma introdução à psicologia da inteligência de Henry Wallon. São Paulo: Manole, 1990.

DUNLOP,

ENTREMEIO LITERÁRIO. Escritores Mogianos. Poesias 2007. Projeto Todos os Cantos.

LELOUP, Jean-Yves. *Evangelho Segundo Filipe*. Tradução de Peterson do Nascimento. São Paulo: Vozes, 2011.

LELOUP, Jean-Yves. *Evangelho segundo Tomé*. Tradução de Guilherme João de Freitas Teixeira. São Paulo: Vozes, 2012.

GARDNER, H. *Estruturas da mente*: a teoria das inteligências múltiplas. Tradução de Sandra Costa. Porto Alegre: Artmed, 1994.

GARDNER, H.; KORNHABER, M. L.; WAKE, W. K. Tradução de Maria Adriana Veríssimo Veronese. *Inteligência*: múltiplas perspectivas. 2. ed. Porto Alegre: Artmed, 1998.

GOLEMAN, D. *Inteligência emocional*. Rio de Janeiro: Objetiva, 1996.

IBC. Instituto Brasileiro de Coaching. *Conheça a Teoria dos 21 Dias*. 2023. Disponível em: https://www.ibccoaching.com.br/portal/comportamento/conheca-teoria-dos-21-dias/. Acesso em: 20 abr. 2023.

KIYOSAKI, R. T.; LECHTER, S. L. *Pai Rico, Pai Pobre*. Tradução de Maria José Cyhlar Monteiro. Rio de Janeiro: Campus, 2000.

LÉVY, P. *As tecnologias da inteligência*: o futuro do pensamento na era da informática. Tradução de Carlos Irineu da Costa. São Paulo: Editora 34. 1993.

MELHORAMENTOS. Dicionário. 1997. Disponível em: https://www.dicio.com.br/melhoramentos/#:~:text=Significado%20de%20Melhoramentos&text=O%20mesmo%20que%3A%20adiantamentos%2C%20benfeitorias%2C%20progressos%2C%20restaura%C3%A7%C3%B5es. Acesso em: 12 jun. 2023.

OLIVEIRA, Frei P. S. *A Bíblia às suas ordens*. São Paulo: Paulinas, 1975.

PERRENOUD, P. *Dez novas competências para ensinar*. Tradução de Patrícia Chittoni Ramos. Porto Alegre: Artmed Sul, 2000.

PIAGET, J.; GRECO, P. *Aprendizagem e conhecimento*. São Paulo: Freitas Bastos, 1974.

REVISTA PRAZER DE ESTAR BEM. São Paulo: FIESP&SBC, 2005.

RIBEIRO, L. *Enriquecer*. Belo Horizonte: Leitura, 2005.

SÁ, R. *O que é problemocentrismo*. 2011. Disponível em: https://blog.cancao-nova.com/ricardosa/2011/04/12/o-que-e-problemocentrismo/. Acesso em: 20 nov. 2021.

SUN TZU. *A Arte da Guerra*. Tradução de José Sanz. Rio de Janeiro: Record, 2002.

VYGOTSKY, L.S. *Pensamento e as inteligências*. 2. ed. São Paulo: Martins Fontes, 1989.

SITES

www.sitequente.com

https://www.pensador.com/frase/MTgzNTA0Mw/

https://pt.wikiversity.org/wiki/L%C3%B3gica_Matem%C3%A1tica/Defini%C3%A7%C3%B5es_sobre_L%C3%B3gica_e_L%C3%B3gica_Matem%C3%A1tica.

FILMES

Aladdin e a lâmpada mágica. Disponível em: https://www.youtube.com/watch?v=HILnd_3FyZQ. Acesso em: 20 jul. 2023.

Idiocracy. Disponível em: https://www.youtube.com/watch?v=WbGjJ14mxcU. Acesso em: 14 jul. 2022.

O segredo. Disponível em: https://www.youtube.com/watch?v=4ZpuPqRcsAM. Acesso em: 20 abr. 2022.

Os três mosqueteiros. Disponível em: https://www.youtube.com/watch?v=E-5gkRpl7NuU. Acesso em: 10 jan. 2023.